Georg Witkowski

Die Walpurgisnacht im ersten Teile von Goethes Faust

www.elv-verlag.de

Witkowski, Georg

Die Walpurgisnacht im ersten Teile von Goethes Faust

ISBN: 978-3-86267-130-4

Auflage: 1
Erscheinungsjahr: 2011
Erscheinungsort: Bremen, Deutschland

Europäischer Literaturverlag GmbH, Fahrenheitstr. 1, 28359 Bremen (www.elv-verlag.de).

Bei diesem Titel handelt es sich um den Nachdruck eines historischen, lange vergriffenen Buches aus dem Jahr 1894. Da elektronische Druckvorlagen für diesen Titel nicht existieren, musste auf alte Vorlagen zurückgegriffen werden. Hieraus zwangsläufig resultierende Qualitätsverluste bitten wir zu entschuldigen.

Die Walpurgisnacht im ersten Teile von Goethes Faust

www.elv-verlag.de

Rudolf Hildebrand

zum 24. April 1894

in herzlicher Dankbarkeit und tiefer Verehrung

dargebracht.

Eine bescheidene Gabe bringe ich Ihnen, hochverehrter Herr Professor, zu dem Tage dar, an dem Sie vor fünfundzwanzig Jahren Ihre Thätigkeit an unsrer Universität begannen. Wie so viele danke auch ich der Fügung, die Sie an diese Stelle berief, Belehrung und Anregung in Fülle, als Student sowohl wie noch in höherem Maße im späteren persönlichen Verkehr. Niemals bin ich von Ihnen geschieden, ohne daß ich erwärmt und bereichert von dannen gegangen wäre. Nach einer Richtung zumal haben Sie stets von neuem meine Blicke gelenkt: auf den Boden des Volkstums, aus dem die Säfte Leben und Kraft spendend bis in die zartesten Blüten der Kunst hinaufdringen.

In Goethes Faust lebt und webt diese Kraft. Mächtig strömend und alles durchtränkend in den ältesten Teilen, in späterer Zeit vom Dichter künstlich von neuem in sein Werk hineingeleitet, um gemeinsam mit anderen Quellen das fernere Wachstum zu nähren. Einen Zweig des gewaltigen Baumes der Faustdichtung will ich in seinem Entstehen verfolgen, die Wurzeln, die zu ihm hinführen, aufdecken und zeigen, wie er sich entwickelt hätte, wäre er nicht vor der Zeit abgestorben, so daß er nun mit seinen Ausläufern dürr und wenig erfreulich aus der grünenden Frische des ersten Teils hervorragt.

Ich bitte Sie, hochverehrter Herr Professor, das wenige, was ich Ihnen bieten kann, freundlich aufzunehmen.

Georg Witkowski.

In der ältesten Gestalt von Goethes Faust, die Erich Schmidt im Jahre 1887 wieder aufgefunden hat, beherrschen zwei Hauptmotive die ganze Dichtung. Erstens der Gegensatz gegen die Fakultätswissenschaften und ihr äußeres und inneres Treiben, das Streben, über sie hinaus zum Genuß und zur Erkenntnis der Natur zu gelangen. Dafür bot die Faustsage die passende Einkleidung dar. Zweitens aber, nur durch die Einheit der Hauptperson damit verbunden, die Liebe eines geistig und gesellschaftlich höher stehenden Mannes zu einem Mädchen aus dem Volke, das durch ihn ins Verderben gestürzt wird.

Dieser zweite Teil, die Gretchentragödie, stellt im Urfaust ein in sich geschlossenes Ganzes dar. Sie ist ohne Rücksicht auf das vorhergehende und das darauf folgende vollkommen verständlich, in allen ihren Teilen selbständig. Fausts frühere Zustände und Stimmungen sind vergessen, auch in dem Glaubensbekenntnis, der einzigen Stelle, die an den früheren Denker und Gelehrten erinnert, fehlt jeder Bezug auf die Vergangenheit. Mephistopheles ist ein untergeordneter Helfer, ein nur mit überirdischer Macht ausgerüsteter Leporello. Das Teufelsbündnis ist für den großen Gang der Handlung bedeutungslos; vor allem: Gretchen fällt nicht durch teuflische Einwirkung, sondern durch die Leidenschaft, die überwältigend sich ihrer ganz bemächtigt.

Einem Vorwurf, der seine Zeit lebhaft bewegte, hat Goethe hier den höchsten dichterischen Ausdruck verliehen: das

Schicksal der unglücklichen, verlassenen Mütter, die in ihrer namenlosen Verzweiflung und der Furcht vor Schande sich an dem Pfand ihrer Liebe vergriffen, hat er in seiner ganzen Tragik dargestellt. Die überaus zahlreichen gleichzeitigen Behandlungen desselben Stoffes hat Erich Schmidt in seiner Schrift über Heinrich Leopold Wagner vorgeführt. Vergleicht man diese Dichtungen mit der Goethes, so stellt sich ein wichtiger Unterschied heraus. Bei allen übrigen wird nur das unglückliche Mädchen und ihr Schicksal dargestellt. Das Hauptgewicht liegt auf der Schilderung des Seelenzustandes der verzweifelten Mutter von dem Zeitpunkt an, wo sie der Geliebte verlassen hat, bis zu dem Gang aufs Schaffot. Goethe dagegen geht in der Darstellung des Vorgangs bis auf die Wurzeln zurück; die erste Begegnung, das Aufkeimen der Liebe und ihr Wachsen bis zur Höhe der Leidenschaft bilden die erste, größere Hälfte seiner Gretchendichtung, zu der dann der darauf folgende Jammer in um so stärker wirkenden Gegensatz tritt. Daraus ergiebt sich auch, daß hier nicht nur das Mädchen im Vordergrund steht. Neben ihr tritt dramatisch gleich bedeutungsvoll der Mann hervor, auch er von der Leidenschaft überwältigt, kein kalt bewußter Verführer; aber freilich nimmt die unendlich rührende Gestalt, die vollkommenste unserer ganzen Dichtung alle Teilnahme für sich in Anspruch. Gerade jene Scenen, die bei den andern Dichtern mit besonderer Vorliebe ausgeführt sind, läßt Goethe nur durch den Schleier der verwirrten Erinnerung Gretchens, in flüchtigen Andeutungen Fausts ahnen, das Bild des „holden unseligen Geschöpfs" soll durch die Zerstörung des Unglückes und des Verbrechens so wenig wie möglich leiden.

Der Urfaust stellt die ganze Entwicklung von der ersten, blitzartigen Begegnung vor dem Dome bis zu Valentins Ermordung in einer Reihe von Scenen, der kein Glied fehlt, dar. Der Mord ist, wie das Vorhandensein von Valentins einleitendem Monolog zeigt, bereits geplant, wenn auch die Ausführung im einzelnen dem Dichter noch nicht klar sein mochte. Die Domscene zeigt uns noch Gretchens wachsendes Elend, dann folgt aber gleich die Scene „Trüber Tag. Feld". Wir erfahren dunkel von Gretchens Flucht, Umherirren, Gefängnis, die Absicht des Dichters, schonend das Gräßliche zu verhüllen, tritt klar zu Tage.

Wie ist es inzwischen Faust ergangen? Auch darüber enthält schon die erste Gestalt der Dichtung eine Andeutung in seinen Worten zu Mephistopheles: „Und du wiegst mich indeß in abgeschmackten Freuden ein, verbirgst mir ihren wachsenden Jammer, und lässest sie hülflos verderben." Freilich, viel ist damit nicht gesagt, Fausts Verhalten nicht genügend erklärt. Er erscheint tief gesunken, völlig pflichtvergessen. Hätte er sich nicht selbst die Folgen seiner maßlosen Leidenschaft ausmalen können, hätte er dazu Mephistos bedurft? Sein Vorwurf ist also innerlich nicht berechtigt; er hätte allen Gefahren trotzen und Gretchen in ihrem Kummer zur Seite stehen müssen, wenn er noch derselbe war, wie er in den vorangehenden Scenen gezeichnet ist. Und worin bestanden die „abgeschmackten Freuden", in die der Verführer ihn einwiegte? Was konnte er dem Bethörten bieten, das ihn Gretchen vergessen ließ und wobei er sich beruhigte? Schwerlich wird sich Goethe, als er die Dichtung im ersten Feuer hinwarf, diese Fragen vorgelegt und beantwortet haben. Gretchens Schicksal hatte das Interesse an Fausts Gestalt offenbar hier am Schlusse überwunden, es genügte dem Dichter, dessen Unthätigkeit, während die Geliebte unterging, mit einer Andeutung zu begründen.

Dieses Verfahren entspricht dem Jugendstil Goethes,

den gerade die Gretchenscenen auf seiner höchsten Entwicklungsstufe zeigen. Wie im Volkslied, wie in seinem „Götz" zieht eine Reihe von Augenblicksbildern vorüber, die Phantasie des Hörers anregend, ihr Raum zu ergänzender Überleitung lassend, mehr andeutend als klar darstellend, das innere Erlebnis, nicht das äußere Geschehen wiedergebend. Die Form dient einzig dem Zwecke, das Gefühlte und Geschaute möglichst unmittelbar zu verkörpern, sie schmiegt sich den Gegenständen an und vergewaltigt sie nirgend.

Diese „charakteristische Kunst" verschwindet ihm in dem weimarer Jahrzehnt, und als er in Italien weilt, tritt an ihre Stelle das Streben nach der schönen Kunst, die Herrschaft des antiken Ideals, der sinnlich wohlgefällige Eindruck wird zur Hauptsache, und er fordert nun die innere Harmonie, die gleichmäßige Durchbildung aller einzelnen Teile des Kunstwerks.

In dieser Zeit nimmt Goethe in Rom die Arbeit am Faust wieder auf unter dem äußeren Antrieb, in der Gesamtausgabe der „Schriften" nur vollständiges zu bieten. Er bezeugt selbst, daß er seiner Jugenddichtung fremd gegenüber stand, daß er sie jetzt gleichsam von außen ansah, während früher sie in ihm und er in ihr lebte. Wenn er jetzt daran geht, den Faust zu vollenden, so kann er nicht mehr wie damals unmittelbar das Gefühlte in die Anschauung übersetzen, es gilt, einmal die bereits vorhandenen Teile zu glätten, sie möglichst ohne ihre Eigenart anzutasten, der neu gewonnenen Kunstanschauung anzunähern, andererseits die Lücken auszufüllen und zu diesem Zwecke, auf dem vorhandenen weiter bauend, neue Züge zu erfinden. Beides war im wesentlichen Verstandesarbeit, bei der der Dichter vom einzelnen ausging und Widersprüche kaum vermeiden konnte, weil ihm die Stimmung, aus der die ursprüngliche Dichtung geboren

war, fehlte. In ihr war Fauſt der Titan der Sturm- und
Drangzeit, der über die Grenzen der Überlieferung, der Sitte
und des dem Menſchen Erreichbaren im Forſchen und Genießen
hinausſtrebte (und vielleicht am Ende daran zerſcheitern ſollte),
Teufelsbündnis und Teufelsſpuk waren nur Verſinnlichung
der inneren Handlung, die ganz im Gefühl beruhte. Jetzt
iſt für den kühler gewordenen Verſtand die äußere Handlung
das weſentliche und an ſie knüpft er bei der Fortführung an.
In dem neu gedichteten Teile der Valentinſcene z. B. ruft
die nächtliche Handlung das Bild des Zauberers Fauſt vor
das Auge des Dichters und ohne alle innere Begründung,
ja entſchieden ſtörend, wird das Geſpräch über den empor-
rückenden Schatz eingefügt, und daran der Wunſch, Gretchen
zu beſchenken, geknüpft, eine zwecloſe Wiederholung des ſchon
zweimal vorher benutzten Motivs.

Neben der Weiterdichtung geht ſeit 1787 das Beſtreben
her, das Vorhandene ſorgfältiger zu begründen, die einzelnen
Bilder feſter miteinander zu verbinden. An die Stelle der
Einheit der Perſon ſoll, ſo viel als möglich, die Einheit der
Handlung treten. Die Frage taucht auf: Wie wird aus dem
Fauſt des Studierzimmers der jugendlich leidenſchaftliche Lieb-
haber? und die Hexenküche muß das Mittel liefern, um
die Verwandlung für den Zuſchauer ſichtbar zu bewirken.
Indem aber Goethe ſo eine ſtraffer zuſammengefaßte Handlung
herzuſtellen ſucht, ſchadet er gerade der inneren Einheit. Denn
in dieſer neu hinzugedichteten Scene wird Fremdartiges in
die Dichtung hineingetragen. Zwei neue Saiten ſind hier
zuerſt angeſchlagen: Satire gegen die eigene Zeit, ohne
Verhüllung des unmittelbaren Bezugs, in das bis dahin
durchgeführte Gemälde einer vergangenen Zeit künſtleriſch
ſtörend und fremdartig hineinleuchtend, und ferner das
Hexenweſen, das ſpäter von Goethe in einer umfangreichen,

neu eingefügten Dichtung, der Walpurgisnacht, breit dargestellt wird.

Der Glauben an die Hexen und die Schilderung ihres Treibens steht weder zu der Faustsage und ihren früheren Behandlungen noch zu Goethes alter Faustdichtung in irgend einer Beziehung. Selbst wo naheliegende Analogieen bestehen, wie beim Teufelsbündnis und den Luftreisen, ist doch nirgend auf das Hexenwesen Bezug genommen. Erst im achtzehnten Jahrhundert, als die Gestalt des großen Zauberers von der Sage losgelöst und typisch gebraucht wurde, hatte Löwen in seiner süßlich witzelnden „Walpurgisnacht" (1756) auch ihn unter den Gestalten des Blocksbergs auftreten lassen. In der Einleitung ruft der Dichter den Faust als Schutzgeist an

>   Mein Wundervolles Lied besingt die große Nacht,
>   Die manchen Schelm berühmt, den Blocksberg ewig macht,
>   Wohin, um sich ihr Glück durch Wunder zu bereiten,
>   Die auf dem Besenstiel, und die auf Böcken reiten.
>   Die Nacht, die Wunderleer dem Klugen nicht mehr bleibt,
>   Der nichts auf Hexen hält, doch Hexen Wunder gläubt,
>   Die Nacht, wo Belzebub Mäcenen ähnlich denket,
>   Und die, die gut getanzt, bewundert und beschenket.
>   Wo Stutzer, Buhlerinn, und mancher junge Mann
>   Die Kunst erlernt, daß er mit Anstand hexen kann,
>   Die Kunst, die Deutschland sonst als einen Abscheu kannte,
>   Und die, die sie geübt, als Zauberer verbrannte,
>   Dies alles singt mein Lied. Und du, ehrwürdger Geist,
>   Der du bey Teufeln auch noch immer Doctor heißt,
>   Ehrwürdiger Doctor Faust, du sollst, mir Stoff zu geben,
>   Itzt meine Muse seyn, und meinen Vers beleben.
>   Durch manche Zauberey verewigtest du dich;
>   Wer Zaubereyen singt, wünscht deinen Einfluß sich.
>   Begeistre meine Brust, trotz denen die dir fluchen,
>   Und dich beym Lucifer und den Verdammten suchen.
>   Vergebens fabelt man, daß einst der Teufel kam,
>   Für deine Zauberey dich bey dem Mantel nahm,

Die Lüfte durchgeschleppt, in Stücken dich zertheilet,
Und mit dir in den Pfuhl der ewgen Nacht geeilet.
Laß, da dich Belzebub dem Blocksberg zugeführt,
Wo deine Kunst durch ihn gefällt und präsidirt,
Laß mir durch deine Kraft ein Zauberlied gelingen,
Und mich von jener Nacht und ihren Wundern singen.

Am Beginn des zweiten Gesanges wird dann Faust noch einmal ausführlicher erwähnt:

Es saß dem Belzebub der Doctor Faust zur Linken,
Er schenkte fleißig ein, und half ihm tapfer trinken;
Bis daß des Nectars Kraft in jede Seele drang,
Die Geister Vivat schrien und Faust ein Trinklied sang.

Außerdem ist bemerkenswert, daß einer der dienstbaren Genien Belzebubs den Namen Lilith führt, der auch in Goethes „Walpurgisnacht" vorkommt.

Obwohl Goethe das Gedicht Löwens gekannt hat (er erwähnt es in Dichtung und Wahrheit, Weim. Ausg. 27, 38), so wird er doch schwerlich dadurch zu der Einfügung der Walpurgisnacht in seine Faustdichtung angeregt worden sein. Die Bekanntschaft mit Löwen fällt in eine frühe Zeit, wo Goethe gewiß noch nicht an seinen Faust dachte, auch die Manier Löwens, die der Zachariäs aufs genaueste nachgebildet ist, und seine Tendenz, die auf Verspottung der männlichen und weiblichen Stutzer, Streber, Dichterlinge seiner Zeit ausgeht, war nicht geeignet, irgend einen verwandten Ton bei Goethe hervorzulocken.

Was diesen zur dichterischen Behandlung der Walpurgisnacht im „Faust" führte, ist unschwer zu erkennen. Als er in Rom dem Stoffe wieder näher trat, erschien er ihm eigentümlich nordisch, minderwertig neben den vom klassischen Geiste des Altertums beherrschten. 1797 schrieb er an Schiller darüber: „Unser Balladenstudium hat mich wieder auf diesen Dunst- und Nebelweg gebracht." Darin liegt auch, daß

dieser Weg eigentlich ihm als ein fremder, von der großen
Straße seiner Kunst abführender erscheint. Es spricht sich
in der Äußerung eine Mißachtung des eigenen Werkes aus,
die wir auch sonst bei Goethe in diesen Jahren häufig finden.
Da er bei Meyers Gesundheitsumständen fürchtet, seine mit
diesem geplante Reise nach Italien verschieben und einen
nordischen Winter zubringen zu müssen, bereitet er sich einen
Rückzug in diese Symbol-, Ideen- und Nebelwelt vor.
Eine barbarische Komposition nennt er den „Faust";
es käme nur auf einen ruhigen Monat an, so sollte das Werk
zu männiglicher Verwunderung und Entsetzen wie
eine große Schwammfamilie aus der Erde wachsen. Sollte
aus seiner Reise nichts werden, so habe er auf diese Possen
sein einziges Vertrauen gesetzt. Und kaum tauchen die süd-
lichen Reminiscenzen wieder auf, so drängt nach wenigen
Tagen die Beschäftigung damit die nordischen Phantome
zurück. Einige Monate später faßt er dann von neuem den
Entschluß an seinen Faust zu gehen, um diesen Tragelaphen
loszuwerden, auch mit diesem geringschätzigen Ausdruck
den künstlerischen Minderwert der Dichtung rügend. In dem
„Abschied" von 1797 heißt es:

> Und so geschlossen sei der Barbareien
> Beschränkter Kreis mit seinen Zaubereien,
> — — — — — — — — —
> Nach Osten sei der sichre Blick gewandt.

Schließlich tröstet er sich in der Hoffnung, daß durch
die Verbindung des Reinen (in der Helena) mit dem Aben-
teuerlichen (in den früheren Teilen) ein nicht ganz ver-
werfliches poetisches Ungeheuer entstehen könne. Schiller
stand dem „Faust" weit gerechter gegenüber; er fühlte heraus,
daß Goethe in dem, was das Fragment von 1790 enthielt,
sein Bestes geleistet hatte, und nannte es den Torso des

Herkules. Seinem steten Antreiben haben wir ja die Vollendung des ersten Teils zu verdanken, dieser äußere Einfluß und Goethes damalige Stellung zu seinem Werke müssen berücksichtigt werden, wenn man zum Verständnis der neugedichteten Teile, besonders aber der Walpurgisnacht, gelangen will. Wenn Goethe jetzt an der ihm fremd gewordenen Dichtung weiter arbeiten wollte, mußte er das Material dazu von außen herholen, und bei der geringen Achtung für das Werk nahm er es mit der Auswahl und Sichtung nicht so genau, weder Stilreinheit noch das künstlerische Verhältnis der einzelnen Teile zu einander bekümmerten ihn sehr, er dachte die höchsten Forderungen mehr zu berühren als zu erfüllen. Während er so seine Ansprüche an den Faust auf der einen Seite, der künstlerischen, herabstimmte, mußte er sie auf der andern, der philosophischen, durch Schiller beeinflußt erhöhen. Denn er suchte nun den Wert der Dichtung in eine tiefere symbolische Bedeutung des Ganzen zu setzen, Fausts Dasein sollte nicht mehr als lose Folge einzelner Bilder, auch nicht als bestimmt umrissene Handlung, sondern als typische Verkörperung des Menschenlebens überhaupt erscheinen. An die Stelle des Kampfes gegen die Unnatur, des Ausströmens leidenschaftlicher Gefühle in der Jugenddichtung, trat nun der ewige Gegensatz von Gut und Böse, das Gute echt poetisch als Verkörperung des Strebens, der Bewegung, das Böse als die Verneinung, das Beharren aufgefaßt. Dieser neuen Auffassung müssen sich nun die alten Teile unterordnen, neue ergänzend hinzutreten. Die Gretchentragödie wird im Dienste dieser Idee zum Ausdruck des Sinkens Fausts, sie soll ihn bis zu dem tiefsten Punkte gelangen lassen, wo sein angeborener Trieb nach Oben gebrochen erscheint, von wo aus dann die Umkehr und der Aufstieg erfolgt. Schon in der alten Dichtung erschien der Charakter des Helden am tiefsten gesunken an der Stelle, wo er, von Mephistopheles in abgeschmackte Freuden eingewiegt, die Geliebte hilflos verkommen läßt, ohne die Kraft, sich zu ihrer Rettung aufzuraffen. Es bedurfte, um die neue Aufgabe der Dichtung zu erfüllen, einer stärkeren Betonung dieses wichtigen Punktes, des eigentlichen Wendepunktes des Dramas, und zugleich gerade hier eines deutlicheren Hinweises auf die symbolische Bedeutung des Ganzen. Zugleich war ja an dieser Stelle, wie schon erwähnt, eine Lücke in der Handlung, Fausts Verhalten erforderte dringend eine stärkere Begründung.

Was konnte nun der Teufel Faust bieten, um ihn von Gretchen fernzuhalten, ihn völlig sie vergessen zu lassen, und womöglich ihn zum Verzicht auf alle höheren Bestrebungen, zum willenlosen Versinken ins Meer der Sinnlichkeit zu bringen?

Ganz von selbst boten sich für die dichterische Einkleidung dieses Themas jene Mythen dar, in denen schon so lange Zeit die Macht des Teufels über die Sinnlichkeit, alle seine Verführungskünste verkörpert wurden, das Hexenwesen mit seinen nächtlichen Tänzen, der Verhöhnung des christlichen Gottesdienstes in der Anbetung des Satans, den Festen der Unzucht und Völlerei, die in dem großen Hexensabbath der ersten Mainacht auf dem Blocksberg gipfelten. Gewiß war Goethe früh mit diesem Vorstellungskreis bekannt geworden, sei es durch die magisch-kabbalistischen Studien in der Frankfurter Krankenstube, oder als Jurist durch die Sammlung der Hexenprozesse in Carpzovs berühmter Practica nova Imperialis Saxonica rerum criminalium (Vitemb. 1635). Hier war in Quaestio 48—50 des ersten Teils ausführlich vom Hexenwesen die Rede: „Lamiae, sagae et striges, quae tempestates et tonitrua excitant, hominum et pecudum internecioni et exitio student, itemque conventus sive synagogas diabolicas, ad quas in furca, baculis aut scopis feruntur, visitant, et cum ipso daemone nefandam exercent libidinem." Weiterhin bestätigt Carpzov die Wahrheit der Teufelsfeste „in monte Bructerorum, vulgo Blocksberg, in quem lamias totius Germaniae certis unguentis illitas, noctu Calend. Maji, partim a familiaribus suis daemonibus et amasiis, qui praestigiosam formam hirci, porci, vituli, et similis animalis induunt, brevissimo temporis spacio bajulari, partim scopis et baculis insidentes vehi et deinde noctem totam ludis, jocis, comessationibus et choreis cum amasiis suis consumere ajunt." (Goethes Excerpte für die „Walpurgisnacht" lehren, daß er die bei Carpzov angeführten Urteile des Leipziger Schöppenstuhls zu benutzen gedachte.) Shakespeares „Macbeth" hatte ihm die poetische Verwendung der Hexen gezeigt. Aber in den gesamten dichterischen Zeugnissen seiner Jugend findet sich keine Spur davon; höchstens spielt er einmal in einem Briefe (an Friederike Öser 13. Feb. 1769) auf den Alraun an, den der nachtforschende Magus pfeifen hört.

So lange Goethe in der Heimat weilte, konnten sich die etwa vorhandenen Keime dieser Art bei ihm nicht entwickeln, die rheinische Heiterkeit bot ihnen keinen geeigneten Nährboden. Vertraut wurde er mit diesen Vorstellungen erst, als er in die norddeutsche Natur tiefer eindrang. Vor allem wichtig dafür war Goethes erste Reise in den Harz, die er am 29. November 1777 antrat. Am 10. Dezember steht er auf dem Brocken,

> Und Altar des lieblichsten Danks
> Wird ihm des gefürchteten Gipfels
> Schneebehangener Scheitel,
> Den mit Geisterreihen
> Kränzten ahnende Völker.

Man braucht nur die Grundstimmung der „Harzreise im Winter" mit der zu vergleichen, die in früheren Gedichten ähnlichen Inhalts herrscht, z. B. in „Wanderers Sturmlied", um zu erkennen, wie die trübe nordische Landschaft bei Goethe ganz neue Wirkungen hervorruft.

Erst hier ist ihm die düstere Phantastik aufgegangen, die aus den Nebeln des Blocksberges die schwebenden Spuk= gestalten der Walpurgisnacht schuf. Es ist deshalb kaum möglich mit Schröer anzunehmen, daß Goethe die Harzreise unternommen habe, um Eindrücke für die „Walpurgisnacht" zu gewinnen. Wir wissen ja außerdem, daß ihn neben dem Ver= langen nach einsamem Verkehr mit der großen Natur die Absicht, einen Unglücklichen aufzurichten, damals von Weimar forttrieb. Was hätte ihn auch im Jahre 1777, als die Arbeit am Faust seit langem und noch auf lange hinaus ruhte, bewegen sollen, eine Studienreise im Interesse dieser Dichtung zu unternehmen! Es läßt sich ganz bestimmt be= haupten, daß die „Walpurgisnacht", auch ihrem Grundgedanken nach, erst seit der italienischen Reise geplant wurde, daß die Ausführung in dem Umfang und der Bedeutung für den ganzen Faust, wie sie jetzt vorliegt, erst auf dem neuen, dritten Plane von 1797 beruht.

Zu den Beweisen dafür, die ich bereits anführte, kommt noch ein gewichtiger letzter hinzu. Im Fragment von 1790 ist das Streben des Dichters deutlich erkennbar, die Ein= heit der Handlung herzustellen. Dem widerspricht aber die Art, wie das Treiben der Walpurgisnacht selbständig geschildert ist, entschieden, und man sieht, daß beim Entwurf dieser großen Episode Goethe schon den Faust als das Abbild des ganzen Menschenlebens betrachtete, in dem Phantasie und Satire unbeschränkten Spielraum fanden, kaum gehindert durch das lose geschlungene Band einer

Handlung, die er künstlerisch zu bewältigen nicht hoffen durfte.

Auch die spärlichen äußeren Zeugnisse für die Entstehungsgeschichte der „Walpurgisnacht" sprechen für das Jahr 1797 als frühesten Zeitpunkt der Konception. Die erneute Beschäftigung mit dem Faust wurde, wie Goethe an Schiller am 22. Juni schreibt, durch das gemeinsame Balladenstudium angeregt, und dabei kam Goethe auf eine Anzahl Stoffe, die innerlich mit der Walpurgisnacht nahe verwandt sind, wie der Zauberlehrling, die Braut von Korinth, die er in seinem Tagebuch (4. und 5. Juni) „das Vampyrische Gedicht" nennt und der Schatzgräber. Er hatte sich für diese Dichtungen mit der Litteratur über Geistererscheinungen näher beschäftigt, am 23. März meldet das Tagebuch: „Abends bey Loder zu Tische, wo Humboldts waren und die Gespenstergeschichten durchgearbeitet wurden." Auf eine gemeinsame Quelle lassen sich die Balladen dieser Zeit nicht zurückführen; doch ist es wohl bemerkenswert, daß die der „Braut von Korinth" und Schillers „Taucher" zu Grunde liegenden Erzählungen in dem „Anthropodemvs Plvtonicvs" von Johannes Praetorius (Magdeburg 1666 I, 321 ff. und II, 81 ff.) enthalten sind, einem Buche, das Goethe nachweislich auch für die Walpurgisnacht in Faust stark benutzt hat (siehe Goethe-Jahrbuch 9, 229 ff.). Hier scheint der erste Keim für die jetzige Gestalt derselben zu liegen; denn obgleich schon das Fragment von 1790 eine Anspielung enthält, die auf eine spätere Scene dieser Art hindeutet (V. 2589 f.: Und kann ich dir was zu Gefallen thun, So darfst du mir's nur auf Walpurgis sagen), so war doch wie aus dem oben Gesagten hervorgeht, damals gewiß nicht eine so umfassende Ausführung beabsichtigt. Vom jetzigen Bestande der Walpurgisnacht ist zuerst das Intermezzo „Oberons und Titanias goldene Hochzeit" entstanden.

Am 5. Juni dichtet Goethe daran und bestimmt sie für Schillers Musenalmanach, aber Schiller nimmt die Verse, die den Xenienkrieg von neuem beginnen sollen, nicht auf, und Goethe meint am 20. Dezember, sie müßten im Faust am besten Platz finden, nachdem sie inzwischen um das Doppelte gewachsen sind.

Außerdem scheint im Jahre 1797 nichts für die Walpurgisnacht geschehen zu sein. Otto Harnack hat (Vjschr. f. Litgesch. 4, 171 f.) nachgewiesen, daß die Entwürfe für die erste, später unausgeführt gebliebene Gestalt der Scene nicht vor dem Dezember 1797 entstanden sein können, und auch sonst hören wir von der Arbeit am Faust, nachdem das ausführliche Schema des Ganzen am 23. Juni 1797 entworfen worden ist, erst wieder im Frühjahr 1798. Wenn Goethe am 11. April an Schiller schreibt, die lyrische Stimmung des Frühlings komme ihm bei diesem rhapsodischen Drama zu gute, am 14. April an dessen Gattin, die nordischen Gestalten Faust und Kompagnie schlichen sich ein, so denkt man bei diesen Äußerungen zunächst an Stimmung und Figuren der „Walpurgisnacht". Indessen wird sie jetzt kaum über Vorarbeiten hinausgekommen sein; denn noch 1800 ist Goethe mit dem Sammeln von Stoff dafür beschäftigt. Die Zwischenzeit hat kaum irgend eine Förderung dieses Teils der Dichtung gebracht. Dagegen suchte er im Juli 1799 in der dramatischen Ballade „die erste Walpurgisnacht" eine historische Begründung des Blocksbergspuks dichterisch zu gestalten, indem er das freie Heidentum sich hinter dem Teufelsglauben der christlichen Verfolger verschanzen ließ. Ähnliche Töne wie in der Walpurgisnacht des Faust erklingen hier V. 50—59:

> Diese dumpfen Pfaffenchristen,
> Laßt uns keck sie überlisten!

> Mit dem Teufel, den sie fabeln,
> Wollen wir sie selbst erschrecken.
> Kommt! mit Zacken und mit Gabeln
> Und mit Gluth und Klapperstöcken
> Lärmen wir bei nächt'ger Weile
> Durch die engen Felsenstrecken.
> Kauz und Eule
> Heul' in unser Rundgeheule!

Und dann V. 80—89 der Gesang des christlichen Wächters:

> Ach! es kommt die ganze Hölle!
> Sieh, wie die verhexten Leiber
> Durch und durch von Flammen glühen!
> Menschen-Wölf' und Drachen-Weiber,
> Die im Flug vorüberziehen!
> Welch entsetzliches Getöse!
> Laßt uns, laßt uns alle fliehen!
> Oben flammt und saust der Böse;
> Aus dem Boden
> Dampfet rings ein Höllen-Broden.

Außer dieser Dichtung, die man wohl als Vorstudie zur Walpurgisnacht im Faust bezeichnen kann, hat Goethe im Jahre 1799 kaum etwas mit Bezug auf sein großes Lebensgedicht gethan; erst das Ende des folgenden Jahres brachte wieder einen beträchtlichen Fortschritt.

Schiller und Cottas Drängen lassen Goethe zunächst im September die „Helena" mit schnellem Entschluß in Angriff nehmen; dann wendet er sich in den beiden letzten Monaten 1800 zum ersten Teil zurück, und wir sehen ihn um die Wende des Jahres eifrig mit dem Studium von Schriften über Hexen und Gespensterwesen beschäftigt. In dieser Zeit sind also die Auszüge Par. 27—29 entstanden, gleichzeitig begann die Ausführung; denn die jetzt auf der königlichen Bibliothek in Berlin befindliche Handschrift des größten Teils der Scene trägt am Ende der zweiten Seite von Goethes Hand das Datum des 5. Nov. 1800. Nach einer schweren Krankheit im Januar wurde im Februar 1801 die Arbeit wieder aufgenommen, wie die Datierung der dritten und vierten Seite vom 9. und 8. Februar 1801 zeigt. Das Tagebuch verzeichnet die Beschäftigung mit Faust vom 7. bis 21. Februar und vom 7. bis 12. März. Am 15. Februar ist noch einmal ausdrücklich Erasmus Francisci, eine der Quellenschriften zur „Walpurgisnacht", erwähnt. So wird in diese Zeit der Abschluß der Scene zu setzen sein. Das Datum auf dem Deckel der Berliner Handschrift: „Brockenscene des Faust von Goethes eigener Hand 1800" kann gegen die von Goethe selbst eingetragenen Datierungen selbstverständlich nichts beweisen.

Bis zum Jahre 1806 hat dann die Beschäftigung mit dem Faust bei Goethe geruht, erst als der Druck unmittelbar bevorstand, ging er das ganze noch einmal mit Riemer durch, die Revision der „Walpurgisnacht" geschah am 3. und 4. April.

Die Gestalt, in der die Scene dann Ostern 1808 in dem vollständigen ersten Teil erschien, ist ihr auch in den folgenden Ausgaben geblieben, nur sind im Intermezzo in der Ausgabe letzter Hand zwei neue Vierverse V. 4335—4342 hinzugefügt worden.

Unter allem neuen, was die Ausgabe von 1808 gegenüber dem Fragment von 1790 enthielt, hat die „Walpurgisnacht" wohl das meiste Erstaunen erregt. Deutlich tritt das in den brieflichen Äußerungen Wielands hervor, die Loeper (Faust 2. Aufl., S. XXI) mitgeteilt hat. Wielands ganze Aufmerksamkeit scheint sich auf die „Walpurgisnacht" zu konzentrieren, in der „unser König der Genien", „unser Musaget mit dem berühmten Höllen-Breughel an diabolischer Schöpfungskraft und mit Aristophanes an pöbelhafter Unflätherei um den Preis zu ringen scheine."

In den letzten Worten spricht sich das aus, was seitdem

oft der „Walpurgisnacht" vorgeworfen worden ist (am stärksten von Fr. Vischer), daß sie nämlich dem sittlichen Gefühl widerspreche und daß sich in ihr eine widerwärtige Freude am Schmutzigen kundgebe.

Schon wenn wir die unterdrückten Partieen in den Paralipomenis betrachten, kommen wir zu der Überzeugung, daß Goethe jedenfalls nicht die Absicht gehabt hat, hier der landläufigen Moral ins Gesicht zu schlagen. Denn das, was er zurückhielt, ist unvergleichlich viel stärker, als das schließlich aufgenommene, und Alles läßt sich durch die künstlerische Absicht rechtfertigen, aus der die ganze Scene entstanden ist: sie soll ja den Versuch darstellen, alles was Faust von seinem besseren Selbst noch geblieben ist, in dem Schlamme der gemeinen Sinnlichkeit zu ersticken, und da waren die stärksten Mittel gerade genügend, um Mephistopheles seinen Zweck erreichen zu lassen. Aber daneben giebt es für den Ton dieser Scene noch eine andere Begründung. Goethe hat hier nicht aus seiner eigenen Phantasie geschöpft. Alles, was er vorführt, fließt aus bestimmten historischen Quellen. Und vergleicht man diese mit Goethes Darstellung, so erkennt man, wie er, statt das Obscöne zu betonen, überall gemildert hat und es nur so weit, wie es für seine Absicht erforderlich war, zuließ. Denn wollte er ein realistisches Bild des Hexensabbats geben, so mußte er notwendig auch die moralische Verworfenheit dieses Treibens, die den eigentlichen Kern bildet, darstellen.

In allen seinen Quellen ist dieser Zug am stärksten betont, und nicht die Freude am Schmutzigen, sondern die Gewissenhaftigkeit hat ihn dazu geführt, hier mit Aristophanes zu wetteifern. Will man Goethen gerecht werden, so muß man neben seiner „Walpurgisnacht" die Vorlagen betrachten, nach denen er arbeitete. Das ist bisher nur gelegentlich und nirgend systematisch geschehen, nur für die Excerpte in den Paralipomenis bringt die Weimarer Ausgabe die Belegstellen ziemlich vollständig bei. Loeper beschränkt sich auf gelegentliche Hinweise auf Bodinus, dessen Benutzung durch Goethe sich allerdings nur vermutungsweise annehmen läßt. Düntzer nennt für die Hexensalbe, Lilith und Kielkröpfe eine Anzahl ältere Belegstellen, ebenfalls ohne die Absicht, erschöpfende Nachweise zu geben.

Goethes Quellen kann man jetzt erst übersehen, nachdem aus den Tagebüchern und den Auszügen in den Paralipomenis der Umfang seiner Lektüre sich einigermaßen vollständig ergeben hat. Hierzu traten ergänzend die Ausleihbücher der Weimarer Bibliothek.

Die Tagebücher nennen folgende Schriften: Am 16. Dezember 1800 Erasmus Francisci Höllischer Proteus, auf den sich wohl auch die Notiz am 15. Februar 1801 „Erasmus Francisci" beziehen wird, denn er hat das Buch am vorhergehenden Tage von der Bibliothek entliehen (zurückgegeben am 1. Juni 1804). Der vollständige Titel lautet:

Der Höllische Proteus, oder Tausendkünstige Versteller, vermittelst Erzehlung der vielfältigen Bild-Verwechslungen Erscheinender Gespenster, Werffender und poltrender Geister, gespenstischer Vorzeichen der Todes-Fälle, Wie auch Andrer abentheurlicher Händel, arglistiger Possen, und seltsamer Aufzüge dieses verdammten Schauspielers, und, Von theils Gelehrten, für den menschlichen Lebens-Geist irrig-angesehenen Betriegers, (nebenst vorberichtlichem Grund-Beweis der Gewißheit, daß es würcklich Gespenster gebe) abgebildet durch Erasmum Francisci, Hochgräfl. Hohenloh-Langenburgis. Rath. Nürnberg 1708.

Die umfangreiche Schrift (ohne Vorrede und Blatt-Zeiger 1120 Seiten) enthält hundert novellenartige Gespenstergeschichten mit moralisierenden Einleitungen und zahlreichen Exkursen. Mit dem „Faust" berührt sich darin folgendes:

Zu V. 4119 ff: Vorrede S. ꝛc. ꝛc. 6a: Daß die Gespenster von Arabern für halbe Teufel und halbe Menschen geachtet würden: „welche aus der Vermischung Ablis, deß obersten Teufels, mit deß Adams seiner ersten Frauen, Lilit, erzeugt worden, welche Fabel ein Muhametaner aus den Jüdischen Büchern, den Arabern bey gebracht."

Zu V. 3855 ff.: S. 173—182 das verführerische Irrlicht. In der Einleitung ist gesagt, daß die Irrlichter zwar aus natürlichen Ursachen entstehen, daß aber unter ihnen manchesmal Betrug und Tücke des Satans verborgen stecke. Francisci erwähnt auch, daß solche Lichtlein bisweilen gleichsam als wie eine menschliche Stimme, ein Geheul und Gewinsel von sich geben.

Zu V. 3961, 4001, Par. 50 Z. 4 ff.: S. 182 „der Bock sieget schier allen Thieren ob, in der Geilheit: darum pflegt der Satan, in desselben Gestalt, am liebsten und öfftersten zu erscheinen, als ein Geist der Unkeuschheit, und sich nicht allein den fahrenden Hexen, sondern auch den unzüchtigen leichtfertigen Bröckinnen und geilen Böckinnen, welche, ihren unreinen Brand zu löschen, ihres abwesenden Buhlens Gegenwart, durch seine Würckung und Hülffe, herbey schaffen wollen, sich wie einen Bock dar zu stellen, und für ein Roß zu dienen, darauf sie ihren verlangten Buhlen mögen holen lassen."

Zu V. 1516 f.: S. 511 „Kann er (der Satan) Ratzen, Mäuse und Frösche, aus gewisser, dazu geschickter, Materi, auf gewisse Art, zu wege bringen, warum nicht auch Läuse?"

Zu V. 1126 ff.: S. 916 f. über die Geister in der Luft ausführlich, ähnlich wie an der später anzuführenden Stelle bei Beffer.

Zu V. 4204: Blattzeiger unter O: „Thuköpfigtes Gespenst bedeutet einer Kindsmörderin die Enthauptung", S. 399 und 400 Geschichten dieses Inhalts, ferner S. 929 „Aber das Beste und der fürnehmste Schatz, welchen ihm (dem Hexenmeister) der Teufel aufgehebt, und endlich zugeschanzt, ist diesen, daß er ihm, durch die Beschwerungen, eine rote Korallen-Schnur von Blut um den Hals zu wegen gebracht, als den rechten Werth solcher Künste. Denn das gerichtlich-ergangene Urtheil hat ihn, solcher Beschwerungen wegen zum Schwerdt verdammt."

Zu Par. 50 Z. 171: S. 940—982 Der Kielkropff, oder Wechselbalg.

Zu V. 1530 ff.: S. 1020 „Auf einer berühmten Teutschen Universität, ist ein gewisses Zimmer, oder Studenten-Stube, vor welcher, zu gewisser Zeit des Tages, etwas an die Thür klopft: Nichts aber dabey sich sehen läfst. Wie dann auch Niemanden was Leides widerfährt. Und so man nur stillschweigt, hört es gleich auf zu klopffen. Wofern man aber spricht: Herein! Herein! wird es immer wieder anklopffen . . . . Vor einigen Jahren aber hat ein Student, der hievon noch keine Wissenschafft gehabt, und doch selbige Stube bewohnt, als er solches Klopffen gehört, etliche mal nacheinander gesprochen: Herein! Herein! Das Gespenst aber destomehr mit Klopffen, angehalten. Worüber er endlich ungedultig worden, und fluchend geruffen: Ey so gehe herin ins T. Namen! Diß gesagt, ist er auch aufgestanden, und mit blössem Degen zur Stuben-Thür hinaus getretten, willens, denjenigen, der ihn also narren wollte, über die Ohren zu hauen. Indem er aber kaum zur Thür hinaus getretten, bekommt er eine harte Maulschelle."

Die zweite Schrift, die Goethe im Tagebuch, ebenfalls am 16. Dezember 1800 anführt, aber auch erst am 14. Februar 1801 von der Bibliothek entnimmt, um sie bis zum 9. Mai

1801 zu behalten, ist das berühmte Werk Balthasar Bekkers, die bezauberte Welt, das erste, das dem Teufels- und Gespensterglauben gründlich zu Leibe zu gehen wagte. Die erste deutsche Ausgabe ist in Amsterdam 1693 erschienen und führt den Titel „Die bezauberte Welt: Oder Eine gründliche Untersuchung des Allgemeinen Aberglaubens, Betreffend, die Art und das Vermögen, Gewalt und Wirckung Des Satans und der bösen Geister über den Menschen, Und was diese durch derselben Krafft und Gemeinschafft thun: So aus natürlicher Vernunfft und Hl. Schrifft in 4 Büchern zu bewehren sich unternommen hat Balthasar Bekker ... Amsterdam 1693." Mehr als für die „Walpurgisnacht", scheint Goethe für andere Teile seines Faust von Bekker Anregungen empfangen zu haben. Zumal der Prolog im Himmel zeigt so auffällige Übereinstimmungen mit Angaben Bekkers, daß man kaum die Vermutung abweisen kann, daß die „bezauberte Welt" auf ihn eingewirkt habe, obwohl sie erst am 16. Dezember 1800 im Tagebuche genannt ist und die Prologe zum Faust schon am 9. August 1799 abgeschrieben wurden. Ist doch auch der ganze Schluß des Prologs im Himmel (V. 330—353) gemeinsam mit Paralipomenis zur „Walpurgisnacht" auf demselben Blatte überliefert (siehe Weim. Ausg. 14, 255). Ich führe folgende Stellen zum Beweise an: Zum einleitenden Gesang der Engel: I, 58 „Alle Sternen und Himmels-Kräyse haben Seele, Erkäntnüß, Verstand, Leben und Währung; und kennen den, durch dessen Wort die Welt gemacht ist. Ein jegliches derselben rühmet und verherrlichet seinen Schöpffer nach jedes Würde und Fürtrefflichkeit, wie die Engel thun." Zu V. 344: I, 60 wird die Bezeichnung der Engel als Bene Elohim mit „Götters-Söhne" verdeutscht. Es giebt zehn Ordnungen der Engel. „Alle diese lebendige Wesenheiten kennen den Schöpffer mit einer sehr fürtrefflichen Wissenschaft, ein jeder nach Erforderung seiner Ordnung, nicht nach Erforderung seiner Fürtrefflichkeit, daher kann der erste Grad die Wahrheit des Schöpffers so nicht begreiffen, wie er in ihm selber ist, weil sein Verstand allzu enge ist, ihn zu erreichen. Jedoch kompt er weiter darmit als eine von den Wesenheiten die von der niedrigen Ordnung sind; und es erkennet noch ein jedweder von denselbigen, biß auff den zehenden hinzu, den Schöpffer vollkommlicher, denn die Menschen, die aus Materie und Form (oder Wesenheit) bestehen." I, 98 „Die Morgensterne, die mit einander fröhlich singen." II, 119 „Daß er (der Teufel) der Verkläger unserer Brüder heisset, der sie lange Zeit Tag und Nacht für unsern GOtt verklaget hat, ist augenscheinlich Vorbildungs=Weise gesagt. Denn was ist das, für Gott? Ist das nicht zu sagen für seinem Thron? Und ist er nicht in dem Himmel? Wie kömt der Teuffel in dem Himmel, nachdem er in die Hölle verstossen ist: so man diese Dinge eigentlicher Weise will verstehen?"

Im übrigen ist noch bemerkenswert mit Bezug auf V. 1112 f.: I, 102 „Sie (die Manichäer) halten gar dafür, daß jeder Mensch zwo Seelen habe, derer eine allezeit wieder die andere streite", und für die folgende Berufung der Luftgeister und Wagners Warnung vor ihnen I, 8: „Tahles von Mileten, wie Plutarchus meldet, lehret ehemahls: Mundum plenum esse Daemonum, daß die Welt voller Geister wäre: Nemlich in der Lufft, da sie ihre Wohnung hinsetzten". Vergl. dazu auch I, 88, II, 223.

Die „Walpurgisnacht" hat kaum irgend ein Motiv aus Bekkers Werk erhalten, die Talmudische Lilith=Sage wird I, 62 erzählt und I, 68 nochmals erwähnt; I, 122 f. wird die Hexenprobe durchs Gewicht angeführt, III, 13 die Geister, „die mit Menschen Blut zu laben seyn, oder von den Dämpffen, die es von sich giebt, also daß gleiches mit seines gleichen ge=

nehret werde" (vielleicht für Par. 50 Z. 149 ff. heran=
zuziehen).

Außer den angeführten Schriften von Francisci und
Bekker nennt Goethes Tagebuch nur noch eine, die in Be=
ziehung zur Walpurgisnacht stehen könnte: Johannes Baptista
Portas Magia naturalis, das alte alchymistische Receptbuch,
indessen ist daraus für den Faust höchstens die Erwähnung
der Hexensalbe (II, 26) benutzt worden, die auch in der ge=
samten übrigen Litteratur dieser Art ständige und vielfache
Erwähnung findet.

Eine zweite Reihe von Quellen weisen Goethes Vor=
arbeiten, die in den Paralipomenis vorliegen, nach. Es ist
die Practica nova Imperialis von Carpzov und der Anthropodemvs Plvtonicvs des Praetorius.

Die Auszüge aus Carpzov hat bereits Erich Schmidt
in der Weimarer Ausgabe auf die betreffenden Stellen zu=
rückgeführt, so daß ich mir hier deren Wiederholung ersparen
kann (Vergl. den Anhang). Dagegen geht aber die Benutzung
des Praetorius über die Angaben der Excerpte hinaus und
ist näherer Betrachtung wert. Der Titel des Werkes, das
Goethe in den „Annalen" 1805 (Weim. Ausg. 35, 243)
erwähnt und von dem er selbst ein Exemplar besaß, lautet:
Anthropodemvs Plvtonicvs Das ist, Eine Neue Welt=be=
schreibung Von allerley Wunderbahren Menschen ... Auctore
M. Johanne Praetorio, Zeltlingä-Palaeo-Marchitá, P. L. C.
Magdeburg, 1666. Gleich Erasmus Francisci trägt auch Prae=
torius von allen Seiten Stoff zusammen und ordnet ihn will=
kürlich nach Stichworten, die spielend bald in der Reihenfolge
des Alphabets aufeinanderfolgen, bald bestimmte Wörter bilden,
z. B. in dem später zu erwähnenden Werke stets das Wort Blocks=
berg in seinen verschiedenen Formen. Hinter diesem pedantisch
lächerlichen Bemühen steckt aber ein tüchtiger Charakter, durch

den Praetorius aus der Masse der volkstümlich gelehrten Schriftsteller seiner Zeit weit hervorragt. Sein Humor und seine eigenartige Sprachbehandlung lassen ihn des Namens eines Fischarts des 17. Jahrhunderts würdig erscheinen, frisch greift er über die gelehrte Überlieferung hinaus in das Gebiet des Volksglaubens und der Sage. Dadurch ist er auch für die deutsche Mythologie zu einem wichtigen Gewährsmann geworden, und Goethe wußte den Schatz, den ihm des Praetorius Schriften für die Schilderung des Gespenster- und Hexentreibens boten, wohl zu würdigen. Nicht nur in sachlichen Einzelheiten, viel mehr noch in der Auffassung des dämonischen Treibens stimmt er mit dem alten Leipziger Magister überein, der bei allen seinen rationalistischen Bedenken so ernsthaft von des Teufels und der Seinen schauervollem Treiben zu berichten weiß. Jene Gespensterrosse, auf denen Faust und Mephisto zu Gretchens Rettung dahinfliegen, stammen von Praetorius. Er hat den Mahr, den Alp, der den Menschen in der Nacht reitet, zur Mähre, zum Pferde gemacht (a. a. O. I, 23 f., 35), zum Nachthengst, wie er ihn nennt. Deshalb will Mephistopheles (Par. 50 Z. 130) „einige Nacht Mahre zaumen". Prätorius setzt (I, 21) die Lilith mit den Lamien gleich, „ein wild Thier, welches von Angesicht wie ein schön Weib gestalt, die vorgehenden mit lieblichen anblicken, und entblössung der Brust zu sich locke, und hindenzu eine schüpichte Schlange sey, und an statt der Füsse Schlangenköpffe habe, und so bald man herzu nähere, die Leute gantz grimmiglich fresse." Daß Lilith Adams erste Frau gewesen sei, berichtet Prätorius ebenfalls I, 209, und er charakterisiert sie I, 435 als weiblichen Buhlteufel. Er berichtet (I, 22), daß die bösen Geister sich am Blute des Opfers laben. Von den Irrwischen sagt er (I, 39): „Ist nicht der Irrwisch ein natürliches Thun und dennoch mißbrauchets der Voland zu seinem besten", und weiß das (I, 302 ff.) mit einer Anzahl von Beispielen zu belegen. Von Praetorius (I, 43) stammt, wie schon Erich Schmidt bemerkt hat, das rote Mäuslein, das der jungen Hexe beim Tanz mit Faust aus dem Munde springt (V. 4179).

Die Sage vom Rattenfänger von Hameln, dessen Gestalt in Par. 40 Campe annimmt, erzählt er I, 76 f. Ausführlich handelt er von Kielkröpfen (I, 415—495), von Homunkulis oder chymischen Menschen (I, 156—206), ein solcher werde der allerweiseste sein, der ungelernet alle Künste weiß, weil er nehmlich auffs allerkünstlichste gemacht ist. Er spricht (I, 168) von zauberkräftigen Löwenpfennigen, die an die Löwenthaler in V. 3669 erinnern, und bestätigt (I, 302), daß sich vergrabene Schätze durch leuchtende Flammen anzeigen, wie Faust es an der oben angeführten Stelle beobachtet. Auch er handelt (II, 6) von den Geistern in der Lufft. „Sie betrüben offt durch GOttes Verhängniß die Lufft, erwecken Donner und Ungewitter und sind allesammt geneigt, das Menschliche Geschlecht zu beschädigen und zu verderben", ganz wie sie Wagner beim Osterspaziergang kennzeichnet.

Das sind nur Proben aus dem reichen Schatze von Vorstellungen des Volksglaubens, den der Anthropodemvs Plutonicvs birgt und aus dem Goethe neben den angeführten thatsächlichen Entlehnungen für die Stimmung der ganzen Scene viel gewonnen hat.

Da ihm die eine Schrift des Praetorins so reiche Ausbeute gewährte, wird er gewiß auch die zahlreichen andern, von denen die Weimarer Bibliothek eine große Anzahl besaß, nicht unbeachtet gelassen haben. Notierte er sich doch ausdrücklich, als er den Anthropodemvs Plutonicvs auszog, zu weiterem Studium „Praetorii übrige Werke" (Par. 28). Besonders eines, das unmittelbare Beziehung zu seinem Gegenstand hatte, wird er sich gewiß verschafft und genau gelesen haben, wenn auch äußere Zeugnisse dafür nicht vorhanden sind.

Es führt den Titel: „Blockes-Berges Verrichtung, Oder Ausführlicher Geographischer Bericht, von dem hohen trefflich alt- und berühmten Blockes-Berge: ingleichen von der Hexenfahrt, und Zauber-Sabbathe, so auff solchen Berge die Unholden aus gantz Teutschland, Jährlich den 1. Maij in Sanct-Walpurgis Nachte anstellen sollen. Aus vielen Autoribus abgefasset, und mit schönen Raritäten angeschmücket sampt zugehörigen Figuren, von M. Johanne Praetorio ... Zu Leipzig 1668.

Das ganze Hexenwesen ist hier mit der größten Ausführlichkeit behandelt, viele verwandte Sagen sind zum Vergleich herbeigezogen, das Treiben des höllischen Heeres wird breit geschildert, und kaum ein thatsächlicher Zug in Goethes Darstellung fehlt. Ich erwähne nur die Ceremonie des Küssens a posteriore, das Goethe Par. 50 Z. 95 ff. verwertet und das bei Praetorius sehr häufig (S. 195. 205. 272. 279. 284. 323. 324. 332) vorkommt. Der gespaltene Baum, den Mephistos obscöner Gesang (V. 4137) erwähnt, ist vielleicht durch den doppeltgespaltenen Baum, auf dem (S. 333) ein musicierender Teufel beim Feste sitzt, angeregt. Die Instrumente, auf denen die Hexen zum Blocksberg fahren, werden S. 295 aufgezählt, der Trog (V. 4010) ist S. 213 erwähnt, die höhere Neigung der Weiber zum Bösen (V. 3980 f.) wird S. 130 ff. betont, von der Hexensalbe breit gehandelt, der Opferung von Menschenblut (Par. 50 Z. 149) S. 318 gedacht. Etliche Hexen erscheinen nackt, etliche mit Kleidern (S. 295, 417, vergl. V. 4283—90). Der Teufel heißt (S. 267) der höllische Voland oder Meister Hemmerling. Sogar das Theater, das auf dem Platze des Hexensabbaths aufgeschlagen ist, wird S. 251 genannt. Die unzüchtigen Tänze der Hexen werden S. 326 ff. breit geschildert. Bei dem Bericht von den Buhlteufeln gedenkt Praetorius S. 346 auch der Lilith. Besonders auffallend ist die Übereinstimmung von Goethes Darstellung mit dem Titelbilde des „Blockes-Berges Verrichtung", wie eine Betrachtung der beigefügten Nachbildung desselben sogleich zeigt.

Endlich sind noch diejenigen Bücher zu betrachten, die Goethe in der Zeit, als er an der Walpurgisnacht arbeitete, von der Weimarer Bibliothek entliehen hat und die dieses und verwandte Gebiete berühren. Zwei davon, Franciscis „höllischer Proteus" und Bekker, sind schon oben angeführt worden. Wie die Ausleihbücher der Bibliothek ergeben, hat er ausschließlich in den Jahren 1797—1801 die Litteratur über das Hexen- und Gespensterwesen, welche dort zahlreich vorhanden ist, benutzt.

Zuerst entlieh er vom 6. Dez. 1797 bis zum 10. Nov. 98 den „Neu-polirten Geschicht- Kunst- und Sitten-Spiegel ausländischer Völcker fürnemlich der Sineser, Japaner, Indostaner, Javaner, Malaberen.... Dem Schau-Begierigem Leser dargestellt von Erasmo Francisci. Nürnberg 1670. Über diese Quelle hat G. Wentzel (Analecta Faustiana in Genethliacon Gottingense, Halle 1888, S. 153 ff.) ausführlich gehandelt. Der große Foliant, aus dem vielleicht auch Schiller den Stoff zu seinem „Kampf mit dem Drachen" entnommen hat, bietet nicht viel, was Goethe für den „Faust" von Nutzen sein konnte. Nur die Erzählung S. 125 ff. „die fahrende Unholdin" enthält manches verwertbare Detail. Der Teufel soll auf dem Gipfel des Berges in Gestalt eines Leuen, Hundes, Bocks oder andrer Tiere sitzen, sich anbeten und zum Schluß in der bereits erwähnten Art küssen lassen. Die Hexen reiten (S. 137) auf Stäben, Ofengabeln, Krücken oder Besen, die mit Hexensalbe angestrichen sind. „Bisweilen sitzt (S. 138)

bei der Satanstafel ein jedweder Geist seiner Hexe an der
Seiten, bisweilen gegen ihr über, und die Unholdinnen
alle an einer Seiten" (vielleicht für Par. 50 Z. 4f. als
Anregung verwertet). Die Inquisitoren lassen sich (S. 138)
von einem der Zauberer auf den Hexensabbath führen und
sehen, ähnlich wie Mephisto und Faust, die Teufelshuldigung,
die Tänze und unzüchtigen Vermischungen.

Vom 25. Juli bis zum 10. Nov. 1798 und dann noch
einmal vom 23. Februar bis zum 9. Mai 1801 benutzte
Goethe einen Quartband, der zwei Schriften enthielt. Erstens
„Christliche Erinnerung, An Gewaltige Regenten, vnd Ge=
wissenhaffte Praedicanten, wie das abschewliche Laster der
Hexerey mit Ernst außzurotten, aber in Verfolgung desselbigen
auff Cantzeln vnd in Gerichtsheusern sehr bescheidentlich zu
handeln sey … gestellet von Johanne Matthaeo Meyfarten …
Erfurt 1635." Der berühmte lutherische Theologe und geist=
liche Dichter bekämpft in dem Buche die bestialische Grau=
samkeit der Hexenmeister, indem er vornehmlich nachzuweisen
sucht, wie leichtsinnig sie bei ihren Anklagen verfahren und
wie wenig Gewicht den in der Tortur erpreßten Aussagen
beizulegen sei. Er zeigt, wie widersinnig die Selbstanklagen
der Hexen sind, und daß zahllose Unschuldige durch die uner=
träglichen Martern gequält und schließlich dem Henker über=
liefert würden. Bestimmte einzelne Züge, die mit der „Wal=
purgisnacht" Goethes übereinstimmten, sind in dem Buche
nicht enthalten.

Damit zusammengebunden ist eine andere umfangreiche
Schrift in zwei Teilen: „Magica, Das ist: Wunderbarliche
Historien Von Gespensten vnd mancherley Erscheinungen der
Geister, von zauberischen Beschwerungen, Beleidigungen, Ver=
blendungen vnd dergleichen Gauckelwerk … Eißleben 1600."

Das Buch enthält zahlreiche kurze Erzählungen, meistens

von Träumen und Geistererscheinungen, wenig auf Hexen bezügliches. Für Par. 50, Z. 151 wäre Bl. 53a heranzuziehen, wo es heißt, daß die Teufel als Mönche erschienen, „welche eines theils weis, zum theil gar schwartz angethan vnd bekleidet waren". Von Hexenfahrt und Hexensalbe wird Bl. 119b f. nach Porta berichtet, eine Anzahl Geschichten von ausfahrenden Hexen sind Bl. 146 ff. erzählt. In ihnen spielt das Anbeten des Bockes und der Kuß des hinteren Teils, wie überall, eine wichtige Rolle, ebenso wird die unzählige Menge der versammelten Teufelsdiener und das Tanzen (Bl. 163b ff.) hervorgehoben.

Aus der Pfitzerschen Bearbeitung von Widmanns großem Faustbuch (Nürnberg 1674), die Goethe vom 18. Februar bis zum 9. Mai 1801 in Händen hatte, wollte er wohl vornehmlich für die Haupthandlung seines Dramas Anregungen gewinnen. Doch bietet Widmann-Pfitzer in den Anmerkungen auch vieles aufs Hexenwesen bezügliches. Daß „der Satan mehrentheils und gemeiniglich, wenn er keine Menschen-Gestalt annimmet, in Bocks-Gestalt sich erzeiget und vorstellet, vielleicht weil es stinkend und ein geiles Thier ist", betont auch er (S. 108 von Kellers Neudruck). Der neunte Fürst im Höllenreiche ist der Mammon (S. 196. 199), die Hexenfahrt im Backtrog wird nach Luther angeführt, im Anschluß daran auch Portas Darstellung wiederholt (S. 247 f.). Der Bock als höllisches Reitpferd wird (S. 288 f.) aus einigen Beispielen nachgewiesen. Vom Rattenfänger von Hameln ist S. 387 die Rede, die Hexenprobe kommt S. 495 einmal vor.

Am 23. Februar 1801 hat Goethe noch drei Bücher, die ihm für die Walpurgisnacht dienlich sein konnten, entliehen: den schon früher benutzten Band mit Meyfarts „Christlicher Erinnerung" und den „Wunderbarlichen Historien von Gespenjten", außerdem Remigius' Dämonolatria und Goldschmids „Höllischen Morpheus". Die „Daemonolatria, Oder: Beschreibung von Zauberern und Zauberinnen" ist in der Ausgabe (Hamburg 1693), die Goethe vor sich hatte, vermehrt durch „Wunder=seltzame Historien Von des Teuffels Hinterlist, Betrug, Falschheit und Verführungen", die den zweiten Teil bilden und durch eine deutsche Übersetzung von Bodins „Daemonomania", der wiederum allerhand warhaftige und erschreckliche Geschichten besessener Leute angehängt sind.

Bei Remigius bietet zu P. 3979 ff. die Stelle 1, 75 eine Analogie: „Barbelina Rayel sagt, es weren vielmehr Weiber als Männer unter ihnen, wie denn ohn daß der Satan die Weiber leichtlicher bethören kann, wie solches auch Torquenadius in seinem Hexameron meldet. So befinde ich selbst, daß mehr Weiber als Männer hierin sind beschuldigt worden; Und es ist auch nicht ohn Ursach, daß diß lose Gesinde sich häuffiger bey den Weibern finden lässet, als da sind Artztin, Hexin, Weissagerin, Unholden rc." Zu Par. 150 Z. 4 ff. I, 98 f.: „Letzlich so nehmen sie unter allen keine Gestalt lieber an sich, als eines Bocks . . . . . . Und stincken die Böcke mehr als andere Thier, und der böse Geist lässet sich durch kein Ding mehr merken, daß er zu gegen sey, als durch Unlust und Gestanck. Es sind die Böcke so geil und uppig, daß der gemeine Mann auch ein Sprichwort darumb von ihnen gemacht hat: So befleissiget sich der böse Geist keines Dinges so sehr, als daß er die Seinen nur zur Unzucht und Geilheit übe so sehr als ihm müglich ist." II, 325 steht eine Erzählung, betitelt „Die nach dem Tantz fahrende und Bock ehrende Hexen". Darin ist der Verlauf des Festes wie gewöhnlich erzählt. Auf einem Theatro sitzt ein ungeheurer Bock mit großen Hörnern und erschrecklichem Angesicht, neben ihm andere kleine Böcke. Eine große Menge Manns= und Weibspersonen kommen dahergeritten, etliche auf Böcken, etliche

auf Stecken, etliche auf Heugabeln, und nachdem alle An=
kömmlinge dem Theatro zugeeilet, beten sie den Bock an, opfern,
erzeigen ihm Ehre und ein jeder muß erzählen, was er böses
von der Zeit des letzten Convents an gestiftet und ausgerichtet.
Dann folgt ein wunderlicher Tanz nebst andern abscheulichen
Vermischungen und endlich wird der Aktus so geendet, daß
der große Bocksteufel den Kuß a posteriore entgegennimmt, wo=
durch alle Anwesenden ihr Gelübde bekräftigen müssen. Zu
der Erzählung gehört ein Stich, der Goethe vielleicht An=
regung gewährt hat, weshalb wir ihn hier wiedergeben.

Aus Bodinus ist anzuführen, daß die Parodie Christi
in Par. 49 ihr Vorbild in einer Stelle der Vorrede (S ꝛc. 3ᵇ)
hat, wo es heißt, daß bei dem Hexenreichstag allezeit eine
große Anzahl Leute einen schwarzen Mann, den sie Beelzebub
nenneten, der ohngefehr 30 Jahr alt gewesen, und an einem
hohen Ort gestanden, angebetet hätten. „Dieses 30 jährige
Alter hat der Satan ihm auch sonderlich erwehlet, unsers
Erlösers JEsu Christi 30 Jährig Alter, in welchem er sein
Messias Ampt zu beweisen angefangen, Spotts= und Trotz=
weise nachzuahmen." II, 384 sagt eine Hexe aus, der Teufel
habe eine rote Mütze mit einer Hahnenfeder aufgehabt II, 395
schildert dieselbe die Fahrt zum Hexensabbath mit Hilfe der
Salbe. Darauf heißt es: „Als sie nun allda angelanget
wäre alles von Lichtern, Fackeln, und einem schreckhafften
grossen Feuer helle, und unzehlich viel Volcks von Manns=
und Weibsbildern, und noch mehr bösen Geistern allba ge=
wesen, deren theils als grosse und vornehme Herren auch Ca=
valliers und Kriegs=Officiers, andere schwartz, als Geistliche
und Gelehrte, einige als Bürger, und sehr viele als Bauren,
aber mit gar scheußlichem Gesichte sich präsentiret . . . . .
Darauff hätte ihr Buhle Hanß sie bey der Hand zu einem
abscheulichen grossen Bocke, welcher auff einem Throne ge=

— 33 —

Die dem Bock ehrende Hexen

Witkowski, Walpurgisnacht.

sessen, so der Satan gewesen, den man den Präsidenten von der Versamblung geheissen, geführet, vor dem sie auff die Knye niederfallen, ihn anbeten, huldigen, treu und hold zu seyn, und beständig zu bleiben, nochmahls zusagen, angeloben und versprechen, auch zu Bezeugung dessen ihm den Hintersten küssen müssen." Dann wird ausführlich der Tanz, die Musik auf verschiedenen Instrumenten und das Mahl geschildert. Schließlich fahren sie auf die Art, wie sie gekommen sind, wieder nach Hause.

Das letzte Buch, das als eine Quelle für Goethes „Walpurgisnacht" zu nennen wäre, ist „Petri Goldschmids Höllischer Morpheus, Welcher kund wird Durch die geschehene Erscheinungen Derer Gespenster und Polter-Geister ... Hamburg 1698," eine Gegenschrift gegen Bekkers „Bezauberte Welt" mit vielen sonderbaren Erzählungen, die zum Teil auf den großen Kurfürsten und seine Zeitgenossen zurückgehen und von einer unfreiwilligen derben Komik erfüllt sind. Der Gespensterglaube erscheint hier, am Ausgang des siebzehnten Jahrhunderts in voller Blüte, indessen spürt man doch schon eine Abnahme der Neigung, die unsinnigen Erdichtungen vom Hexenwesen unbedingt für bare Münze zu nehmen; denn der Verfasser erwähnt davon sehr wenig. Die Sage von der Lilith wird S. 213 f. erzählt und hinzugefügt, daß sie eine Zauberin geworden sei, ja gar eine Teufelin, die noch heutiges Tages mit den Teufeln buhle und die Welt mit jungen Teufeln erfülle. Die Geister sollen sich von dem Blut des geschlachteten Opfers nähren (S. 217, vergl. Par. 150 Z. 149 ff.).

Das ist alles, was sich in denjenigen Quellenschriften, die Goethe bei der Dichtung der „Walpurgisnacht" nachweislich oder vermutlich zu Rate gezogen hat, mit seinem Faust berührt. Bei der Vergleichung der genannten Werke war zu berücksichtigen, daß er sie erst von der Bibliothek entlieh, als

bereits nach den in die Handschrift eingetragenen Daten
größere Teile der Scene vollendet waren. Deshalb konnten
eine Anzahl von Stellen, die Parallelen darbieten, nicht be=
rücksichtigt werden, so z. B, bei Remigius I, 88: „Die gantz
Rott zusammen ruffet, rauschet, brauset, heulet, als ob sie
alle toll und thöricht waren," und I, 145: „Ich weiß mich
zu erinnern, daß ich in den peinlichen Fragen von den Hexen
vernommen habe, wie sie des Nachts Lichter und Irrwisch
gemacht haben, welche auch redeten und eine Menschliche
Stimme von sich gaben."

Für die Fahrt der Hexen, die dabei benutzten Gegen=
stände und die cynische Grundstimmung bedurfte Goethe gewiß
nicht irgendwelcher Studien, dafür bot ihm die Überlieferung
völlig genügenden Stoff, der von der Phantasie des Dichters
leicht weiter ausgesponnen werden konnte. Immerhin mögen
aber auch dahinein einzelne Thatsachen, die aus den Quellen
flossen, geleitet worden sein, wie das rote Mäuschen aus
Praetorius' Anthropodemvs Plutonicvs, bestätigt durch
Par. 29, das Auftreten der vornehmen Herren beim Hexen=
sabbath aus Remigius' Daemonolatria. Wer wollte in=
dessen behaupten, daß der Dichter Dinge der Art aus
den Quellen genommen haben müsse? Alles Angeführte
zeigt nur mögliche Wege der Befruchtung seiner Phantasie,
keineswegs soll ihm imputiert werden, daß er überall, wo
eine Übereinstimmung sich ergiebt, mit fremdem Kalbe ge=
pflügt habe.

Ebensowenig kann man annehmen, daß die Zahl der
Goethe bekannt gewordenen Schriften dieser Gattung mit den
aufgezählten erschöpft sei. Aber ich glaube nicht, daß eine
Vergleichung der übrigen noch etwas wesentliches zu dem hier
zusammengestellten Material hinzufügen würde. Zeigen doch
schon die vielfachen Wiederholungen in den angeführten Stellen,

wie eng der Kreis dieser Vorstellungen ist, wie die Phantasie der durch die Tortur bedrängten Unglücklichen, der fast alles über das Hexenwesen bekannte entstammt, vergebens unter dem Drängen der Peiniger Neues zu erfinden suchte. Außerdem sind die Schriften, deren Benutzung durch Goethe feststeht, meist verhältnismäßig jung und haben die gesamte Überlieferung in sich aufgenommen.

Es ist noch auf bildliche Darstellungen hingewiesen worden, die Goethe Anregung gewährt haben könnten. Hans Fischer bezeichnet in den Grenzboten 1886, 2, 94 ff. den Stich des Blocksbergs in Schneiders Saxonia vetus et magna in parvo Dresden 1727 S. 155 als eine unbekannte Quelle von Goethes „Walpurgisnacht". Indessen sagt Fischer selbst, daß Goethe den dazu gehörigen Text nicht benutzt hat, und ich kann dem rohen Stich keine Einwirkung auf Goethes Konception beimessen. v. Biedermann deutet in seinem Artikel „Faustisches" (Leipziger Zeitung 1891, Beilage Nr. 135) auf zwei andere Bilder hin, einen Stich von Michael Herr und das Titelblatt zum Anthropodemvs Plutonicvs. Der seltene Stich von Herr ist jetzt als Beilage zu Winters „Geschichte des dreißigjährigen Krieges" (Berlin 1893 S. 632) nachgebildet. Das Bild ist, wie die gereimte Unterschrift besagt, „schröcklich, seltzam, wüst und wild" und deckt sich mit Goethes Schilderung in den zahlreichen Gruppen, die um den Gipfel des Blocksberges mit dem faßartigen Throne des Satans ziehen, in der leidenschaftlichen Bewegung, die es erfüllt. Nur müßte, ehe wir eine Einwirkung annehmen können, erst gezeigt werden, daß Goethe das merkwürdige Blatt gekannt hat. Die winzigen, höchst unklaren Bildchen des Anthropodemvs Plutonicvs, 22 auf einer Kleinoktavseite um den Titel gruppiert, können auch nach keiner Richtung seiner Phantasie Nahrung gegeben haben.

Von dem Material, das Goethe für die „Walpurgisnacht" zusammentrug, hat er schließlich nur das wenigste benutzt. Gerade vor dem Beginn der Schilderung des eigentlichen Festes bog er ab, sei es, daß er eine übermäßige Ausdehnung der Scene fürchtete, oder daß er doch moralische Bedenken gegen die Aufnahme der schon ausführlich skizzierten Satansanbetung hegte. Die „Walpurgisnacht" ist so Fragment geblieben und nicht nur die Schilderung des Hexentreibens, sondern auch die Hauptabsicht, Mephistopheles bis unmittelbar vor den Triumph über Faust gelangen zu lassen, ist stark geschädigt worden. So ist der Eindruck des Schlusses jetzt ein ganz unbefriedigender. Über Goethes erste Intention kann man sich aber klar werden, wenn man die Paralipomena zu Hülfe nimmt, und man erkennt da, daß statt einer lose eingefügten Episode die „Walpurgisnacht" ursprünglich eines der wichtigsten Glieder in der gesamten Entwicklung des Dramas bedeuten sollte.

Das stellte sich schon äußerlich in der breiten Anlage der Komposition dar. Sie gliederte sich in drei Teile: der Aufstieg zum Gipfel, anfangs Mephistopheles und Faust allein emporklimmend, dann in den Zug der Hexen hineingeratend und von ihm mit nach oben gerissen, das eigentliche Fest mit Tanz, Dilettantentheater und Anbetung des Höllenfürsten, und endlich die Thalfahrt, bei der wieder Mephistopheles und Faust von der Menge der Geister fortgerissen werden und wider ihren Willen in eine Richtung geraten, die sie schließlich zur Richtstätte führt, wo sie Zeugen der Tänze und Gesänge werden, in denen Gretchens herannahendes Ende sich ankündigt. Faust erfährt ihr Schicksal dann deutlicher durch das Geschwätz der Teufelskinder, der Kielkröpfe, und beim heranbrechenden Morgen schließt sich unmittelbar die Scene „Trüber Tag. Feld" an.

Von diesem umfangreichen Plane ist nur der erste Teil ausgeführt. Dem zweiten gehören die Epigramme des Walpurgisnachtstraums mit Par. 47 und die in der Ausführung schon weit gediehenen Entwürfe Par. 44, 48, 49, 50 Z. 1—112 an, dem dritten Par. 35, 45, 46, 50 Z. 113—172, während in die Dichtung von den beiden letzten Partien nur der Hexentanz, die Erscheinung Gretchens (in veränderter Form) und der „Walpurgisnachtstraum" überging.

Die Einleitung bildet eine oft gepriesene Schilderung der Gebirgsnatur des Harzes beim Frühlingserwachen, nächtlich beleuchtet von dem heraufsteigenden, rötlich schimmernden Mond. Man hat einen Widerspruch darin finden wollen, daß Mephistopheles die Stimmung, die der Frühling in Faust erweckt, unangenehm empfindet, während er zuvor (V. 3661) von der „herrlichen Walpurgisnacht" spricht, die ihm schon durch alle Glieder spukt. Indessen denkt er dort nur an die Genüsse, die er beim Hexensabbath zu finden hofft, nicht an die Eindrücke der gewaltig schönen Bergeswelt, die ihm seinem ganzen Wesen nach zuwider sein müssen, was sich ja auch in der Scene „Wald und Höhle" deutlich ausspricht.

Zu einem Vergleich mit dieser Scene fordern die Worte Fausts V. 3838—47 auf. Von jenem „idealen Streben nach Einwirken und Einfühlen in die ganze Natur", das dort zur Erscheinung kommt, ist hier nichts zu spüren, es ist eine äußerlichere Art der Naturbetrachtung, die auch in den weiteren schildernden Partien der „Walpurgisnacht" vorherrscht. Der Stil erscheint auch gegenüber dem Monolog von 1787 objektiver, das Äußere der Erscheinungen, nicht ihre Wirkung auf eine bestimmte Individualität wiedergebend.

Als ein Zeichen der späteren Entstehung muß auch die Einführung des Irrlichts als dramatische Person angesehen werden. Die Verwendung der Naturerscheinung als belebt und ins bewußte hinein gesteigert ist dafür nicht maßgebend. Dies Verfahren hatte Goethe schon seit früher Zeit als ein Hauptmittel seiner Kunst oftmals angewandt, wie es überhaupt einen der wichtigsten Bestandteile aller echten Poesie bildet. Aber während zuvor die Steigerung immer in dem Sinne erfolgte, daß die natürlichen oder die gewohnheitsmäßig durch Phantasie und Gefühl den betreffenden Erscheinungen beigelegten Eigenschaften verstärkt wurden, stattet Goethe hier das Irrlicht als selbständige Persönlichkeit mit Zügen aus, die er ihm willkürlich beilegt. Mephistopheles droht, ihm sein Flackerleben auszublasen, das Irrlicht erkennt ihn als den Herrn vom Haus an und es beteiligt sich an dem Wechselgesang, den die drei Wanderer im weiteren Fortschreiten ertönen lassen. Das ist ein Zug, der zu den Kennzeichen des Altersstils gehört: das Gedankenhafte überwiegt und es ergiebt sich kein Bild für die Anschauung. Die poetische Gestalt wird zum Sprachrohr für das Denken und Fühlen des Dichters, deshalb vermag er jetzt auch den drei Gesellen, die zum Brocken hinanklimmen, einen Wechselgesang in den Mund zu legen, in dem sich keinerlei Individuelles ausspricht und nicht einmal eine Scheidung des Anteils der einzelnen angedeutet ist. Ich glaube auch nicht, daß Goethe an eine solche gedacht hat, terzettartig sollen sich die Stimmen verschlingen und jeder der Sänger den Text mit den andern gleichzeitig vortragen; denn offenbar ist der Gesang als lyrisches Intermezzo ohne persönlichen Bezug anzusehen. Will man eine Scheidung vornehmen, so ist die von Erich Schmidt (Weim. Ausg. 14, 280) angegebene wohl die wahrscheinlichste: doch geben sich die Absätze deutlich als Zeichen von Gedanken- und Stimmungswechseln kund, die mit den Charakterverschiedenheiten der Singenden kaum sich berühren.

Den ersten Absatz werden vielleicht Faust und Mephistopheles vortragen, da das Irrlicht darin angeredet wird; wohl nicht Mephistopheles allein, da für ihn das „scheint es" (V. 3872) nicht paßt. Im zweiten Abschnitt ist der Eindruck der baumbewachsenen, grotesken Felsen im Vorübereilen geschildert, dann V. 3881—88 ein Bild sanfterer Art, nicht in bestimmter Beziehung zu früheren Scenen des Dramas und wohl hauptsächlich eingeschoben, um eine Art von Trio mit weicher Stimmung in die Mitte des brausenden Scherzos zu stellen, dessen Charakter in den folgenden Versen so deutlich hervortritt. Sie schildern meisterhaft das gespenstische Wundertreiben der Waldesnacht. Die Anrede in V. 3906 ist wohl Faust zuzuweisen.

Von dem Irrlicht wird weiterhin nichts mehr erwähnt. Nach dem Gesange befinden sich Mephistopheles und Faust schon auf einer beträchtlichen Höhe, und erblicken den im Berge glühenden Mammon. Mammon, von Goethe früher (V. 1599) als Verkörperung des Geldes gebraucht, ist hier der Hüter der unterirdischen Schätze, die ihr Dasein durch Leuchten kundgeben (siehe V. 3664 f.). Goethe schafft, von dieser Vorstellung der Sage ausgehend, ein grandioses Bild, indem er in der Zaubernacht alle Metalladern des Berges aufleuchten und schließlich diesen selbst von Feuer erglühen läßt, eine Vorstellung, die gleichsam als Hintergrundsbeleuchtung für die folgenden Bilder dient.

Nun naht sich der Zug der Hexen, angekündigt durch die gewaltige Windsbraut. Die Verse, in denen Mephistopheles den Sturm beschreibt, sind wieder ein Beispiel jener Art der Naturschilderung, von der oben gesprochen wurde. Sie zeigt die bewußte Kunst des reifen Meisters, der erprobte Mittel gebraucht, um bestimmte Wirkungen beim Leser zu erzielen. Wort- und Versmalerei werden reichlich verwendet, um das äußere Bild wiederzugeben, nicht sind sie, wie in früherer Zeit, unmittelbarer Ausfluß der durch den Naturvorgang erregten Stimmung.

In den Nebeln und dem Sausen des Sturms erscheint das wilde Heer, mit wütendem Gesang aufwärts ziehend, V. 3956—4015. Die Chöre der Hexen und der Hexenmeister, der zweite wiederum geteilt, werden durch einzelne, nicht näher bezeichnete Stimmen unterbrochen. Zuerst allgemeine Schilderung der Fahrt über die gelben Stoppeln vom vergangenen Jahre und die aufsprießende neue Saat hinweg, der Schluß obscön. Dann die Erwähnung der Baubo, die aus der klassischen Mythologie in diese romantische Sphäre von Goethe aufgenommen worden ist, weil der Mythus, der sich an sie knüpft, mit dem schamlosen Treiben der Hexen sich nahe berührt. Das Material für Goethes Kenntnis und sonstige Verwendung der Baubo hat Düntzer (Vjschr. f. Litgesch. 2, 295 ff.) zusammengestellt.

Die Einzelreden V. 3968—73 erinnern im Ton an die Hexen im „Macbeth". Ob das Gespräch unter zweien oder dreien geführt wird, ist nicht recht zu erkennen. Freilich kann man V. 3972 kaum anders, als auf die Eule aus V. 3969 beziehen, wobei wieder, wie zuvor beim Irrlicht, eine Erweiterung der natürlichen Eigenschaften über das poetisch Gewöhnliche hinaus anzunehmen wäre; denn es gehört doch sonst nicht zu den Attributen der Eule, Wunden beizubringen. Die vorhergehenden Worte V. 3970 f. sind in keinen logischen Zusammenhang mit dem übrigen zu bringen. Es ist ein Zwischenruf einer Hexe, die von einer andern, vorübereilenden angeritten wird. Alles wirbelt rücksichtslos vorwärts strebend durcheinander, sie verletzen sich gegenseitig, eine Schwangere wird durch das Andrängen der sie Umgebenden zum Platzen gebracht, ihr ungeborenes Kind erstickt. V. 3977 ist weder ein Unsinn, der an so viele Kinderreime erinnert, wie Düntzer

(Goethes Fauſt. 2. Aufl. Leipz. 1857. S. 351 Anm. 1) ſagt, noch iſt die Deutung Loepers annehmbar, daß Kinderhexen und alte hier gemeint ſeien. Vielmehr iſt die zu Grunde liegende Vorſtellung ganz im Sinne von Goethes Quellen gebildet. Häufig wird berichtet, daß gerade Schwangere vom Satan verführt werden, und Erzählungen, wie die von dem Freiherrn von Reitz, der darauf ausging, „ſeine eheliche Frau, ſo mit einem Kinde ſchwanger ging, auffzuſchneiden, und ſein eigen Kind dem Satan zu opfern" (Prätorius, Blockes=Berges Verrichtung S. 302 und öfter), von der Hexe, die bewirkt, daß einer Frau ihre Leibesfrucht vor der Zeit und mit großen Schmerzen abgeht (Remigius I, 169), von der Zauberin, die ein Kind im Mutterleibe vernichtet (ebenda II, 291), konnten in der Phantaſie des Dichters leicht ein verwandtes Bild, wie das hier gezeichnete, hervorrufen.

Ebenſo beruht der folgende Chor der Hexenmeiſter ſeinem Hauptinhalt nach auf der Überlieferung. Goethe fügt aber zu der alten Behauptung, daß die Frau ſich dem Böſen ſchneller und häufiger ergiebt als der Mann, ergänzend den Satz, daß der Mann, wenn er ſich einmal zur Sünde entſchloſſen hat, ſogleich zum Äußerſten ſchreitet. Die von Riemer (Mittheilungen 2, 207) überlieferte Äußerung Goethes über das Verhältnis der beiden Geſchlechter zum Böſen widerſpricht, wie ſchon Schröer bemerkt hat, nicht unſerer Stelle.

Weiterhin vereinigen ſich die Chöre der Hexen und der Hexenmeiſter zu einem gemeinſamen Geſang, der die Fahrt ſchildert. Dazwiſchen ſind wieder einzelne „Stimmen" eingeſchoben, in denen zuerſt (wenn nicht ſchon beim Irrlicht etwas der Art beabſichtigt iſt) Satire gegen Erſcheinungen, die dem Dichter unſympathiſch ſind, hervortritt. Wenigſtens in V. 3987—89 muß eine ſolche Abſicht angenommen werden, und zwar zielt Goethe auf die Unfruchtbarkeit des kritiſchen

Bemühens, dem er ja stets feindlich gegenüber stand. Schröers Hinweis auf das Xenion 87:

> An des Eridanus Ufer umgeht mir die furchtbare Waschfrau,
> Welche die Sprache des Teut säubert mit Lauge und Sand.

ist für das Verständnis des Bildes sehr nützlich.

Ganz unsicher ist die Ausdeutung von V. 3996—99. Daß die Wissenschaft gemeint sei, die seit dreihundert Jahren im Pedantismus, im Zwange der Schulen (in der Felsenspalte) stecken geblieben sei, wie Düntzer meint, kann doch schwerlich angenommen werden; eine so absolute Verneinung gegenüber dem Emporstreben der Vergangenheit und Gegenwart war nicht in Goethes Art. Und was sollte denn der letzte Vers

> Ich wäre gern bei meinesgleichen

bedeuten? Eher scheint noch die Deutung auf den Protestantismus zuzutreffen, der sich der unmittelbaren Erkenntnis Gottes zu nähern sucht. Vergl. die Gedichte „Dem 31. Oktober 1817" (Weim. Ausg. 3, 140), „Dreihundert Jahre sind vorbei" und „Dreihundert Jahre sind vor der Thüre" (Weim. Ausg. 3, 277), die ebenfalls die Epoche seit der Religionsverbesserung kritisch überschauen. Lieber als solche Beziehungen auf Fernliegendes möchte ich annehmen, daß Goethe an eine Verzauberungsart gedacht hat, die analog dem jahrhundertlangen langsamen Emporsteigen der verwunschenen Schätze dasselbe auch über menschliche Wesen verhängte.

Wie Goethe frei an die sagenhafte Überlieferung anknüpfte, lehrt ja auch die unmittelbar folgende Einführung einer Halbhexe, die er sich offenbar als nicht völlig zur Zunft gehörig, etwa noch im Lehrlings- oder Gesellenstadium befindlich denkt, für die sich aber nirgend in den Quellen ein Beleg auffinden läßt.

Ferner giebt er den Hexenfahrzeugen (V. 4009) ein Segel,

ebenfalls ein ganz neuer Zusatz, wie schon Düntzer bemerkt hat.

Besondere Beachtung verdienen die vier letzten Verse des Hexensanges, 4011—15, in Verbindung mit dem folgenden Gespräch Faust-Mephistopheles bis V. 4043. Als das Ziel ihrer Wanderung wie der Hexenfahrt erschien bis zu dieser Stelle der Gipfel des Blocksberges. Dort sollte die eigentliche Feier der Walpurgisnacht vor sich gehen, dahin strebte Alles. Nun aber lassen sich, wie es in der scenischen Bemerkung nach V. 4015 heißt, die Hexen plötzlich nieder, die Heide, die sich um den Gipfel ausbreitet, mit ihrem Schwarm bedeckend. Mephistopheles und Faust sind im Gewühl von einander getrennt worden und Mephisto giebt den Rat: „Laß uns aus dem Gedräng entweichen." Faust erwidert:

> Dort droben möcht' ich lieber sein!
> Schon seh ich Gluth und Wirbelrauch.
> Dort strömt die Menge zu dem Bösen;
> Da muß sich manches Räthsel lösen!

Hier spricht sich noch in einem deutlichen Hinweis die ursprüngliche Absicht der Scene aus, und später tritt sie wiederum hervor in den Worten des Mephistopheles (V. 4116f.):

> Der ganze Strudel strebt nach oben;
> Du glaubst zu schieben und du wirst geschoben.

Das ist um so bemerkenswerter, als die Handlung von diesem nach oben Streben nach V. 4015 nirgend mehr etwas bemerken läßt, sondern in den satirischen Gesprächen, dem Tanz und der Erscheinung des Idols ein Verweilen in derselben Ebene voraussetzt, die Mephistopheles V. 4055 ff. schildert.

> Laß du die große Welt nur sausen,
> Wir wollen hier im Stillen hausen,

hat er zuvor Faust geraten, er will ihn zum Tanz der Hexen

führen und Fauſt fragt, ob er ſich als Zauberer oder
Teufel producieren wolle, um ſie einzuführen, — ſonderbar
genug, da Mephiſtopheles zuvor nie außer in Auerbachs
Keller, wo die Situation es verlangte, als Zauberer auf=
getreten iſt und hier durchaus kein Grund dazu vorliegt.

Wie Mephiſtopheles ſchon vorher bei der Begegnung mit
dem Irrlicht als Hausherr auf dem Brocken ſich gebärdete, ſo
tritt derſelbe Zug in den Verſen 4063 ff. und der Epiſode
mit der Schnecke wieder hervor. Nebenbei bemerkt ſind die
Verſe 4062, 63, 65, 66 keineswegs Alexandriner, wie Schröer
behauptet, ſondern einfache Sechsfüßler; denn es fehlt ihnen
das Antithetiſche, die Vorausſetzung jedes echten Alexandriners.
Die Worte
Ich bin der Werber und du biſt der Freier
beziehen ſich wohl ſchon auf die ſpäter folgende Begegnung
mit den beiden Hexen, zuvor ſind einige ſatiriſche Vierverſe
(nachträglich?) eingeſchoben, die Sprechenden als Blockbergs=
gruppe von den übrigen ſich ſelbſt charakteriſierenden Ge=
ſtalten, die im Intermezzo auftreten, losgelöſt. Alle vier ſind
typiſche Vertreter der Geſellſchaft vor der politiſchen und
litterariſchen Revolution und Mephiſtopheles identificiert ſich
mit dieſer Geſellſchaft, indem er plötzlich ſehr alt erſcheint
und erklärt, daß er zum letzten Male den Hexenberg beſteige.
Hier verwendet Goethe die Geſtalt des Mephiſtopheles ſchon
in der freien Weiſe, wie es nachher im zweiten Teil ſo oft
geſchieht, indem durch ihn die Schlußformel der gerade
gegebenen Situation ausgeſprochen wird, ob das ſeinem
ſonſtigen inneren und äußeren Gebahren entſpricht oder nicht.

Es ließe ſich ja ganz leicht eine Darſtellung des Böſen
denken, in der er als Vertreter der negierenden, abſterbenden
Generation gegenüber der friſch aufſtrebenden Jugend er=
ſcheint; nur hat Goethe ſeinem Teufel zu viel hellen Verſtand

gegeben, als daß er glauben könnte, die Welt beruhe auf dem ewigen Fortbestehen derselben Formen, und so kann man die Verse 4098 f.

> Und weil mein Fäßchen trübe läuft,
> So ist die Welt auch auf der Neige

nicht gerade glücklich nennen.

Die Satire wird fortgeführt in Mephistos Antwort auf die Anpreisung der Trödelhexe, die das Element der Warenverkäufer, die bei Volksfesten nie fehlen, die Tradition erweiternd auf dem Brocken vertritt.

Zu den tanzenden Hexen als Vertreterinnen der gemeinen Sinnlichkeit leitet die Erscheinung Liliths über. In der rabbinischen Sage ist sie vornehmlich den neugeborenen Kindern gefährlich, später wurde sie zum Buhlteufel und ihr Name wurde auf Grund der Stelle Jes. 34, 14 als die hebräische Bezeichnung für „Hexe" angenommen (siehe Praetorius, Blockes-Berges-Verrichtung S. 87). Wenn Loeper von ihr sagt: „Teufel nisteten in ihren schönen Haaren", so ist dafür, so viel ich weiß, in den älteren Sagen kein Beleg zu finden. Vielmehr hat erst Goethe den allgemeinen Glauben, daß hauptsächlich in den Haaren die Zauberkraft der Hexen wohne, auf Lilith übertragen.

Den Höhepunkt der sinnlichen Lust bezeichnet der Tanz Fausts und Mephistos mit der jungen und der alten Hexe.

Während in Fausts Gesang und in der folgenden Antwort der Jungen die Anspielungen noch einigermaßen verhüllt sind, herrscht in der Zwiesprache Mephistos mit der Alten die nackte Zote. Die Absicht des Dichters ist klar. Die Sinnlichkeit ertötet alles Schamgefühl, im Aussprechen des Gemeinsten ist die äußerste Grenze der Schamlosigkeit erreicht, wo sogar Mephistos cynischer Spruch

Man darf das nicht vor keuschen Ohren nennen,
Was keusche Herzen nicht entbehren können

nicht mehr gilt.

Die Erkenntnis der dramatischen Bedeutung wird dadurch erschwert, daß sich auch hier wieder Zeitsatire eindrängt, und zwar Satire von der allerspeziellsten Beziehung. Schon zu Goethes Zeit wird der Proctophantasmist allen Lesern, die nicht in die litterarischen Händel eingeweiht waren, ein Rätsel gewesen sein, noch weit mehr muß dies heute der Fall sein. Damit ist bereits der poetischen Berechtigung dieser Verse das Urteil gesprochen, so sehr ihr treffender Witz und die vorzügliche Karrifierung des alten lächerlichen Gesellen den Wissenden erfreuen mag. Es kommt aber noch hinzu, daß hier zwei Stimmungen mit einander verbunden sind, die sich kaum vereinigen lassen: leidenschaftlich rasender Taumel des wilden Tanzes und kühle Satire. Man stelle sich nur das Bild lebendig, Faust in der Situation selbst befindlich, vor und man wird schwerlich im Stande sein, sich zu denken, in welchem Tone er die Worte zu sprechen hat, wenn man ihm nicht eine ruhige Selbstbeherrschung zumutet, die er in diesem Augenblick unmöglich besitzen kann.

Sehr gut ist der Abschluß der Tanzscene und der Übergang zu der Erscheinung bewirkt. Körperlicher Ekel beim Entweichen des roten Mäuschens zwingt Faust, seine Tänzerin fahren zu lassen und die plötzlich auftauchende Spukgestalt fesselt seine ganze Aufmerksamkeit.

Durch Par. 50 Z. 167 ff. sind wir über das Idol und Goethes ursprüngliche Absicht damit genügend unterrichtet. Danach war es eine der Erscheinungen, die am Hochgericht vor Fausts Blicken auftauchten, und folglich jedenfalls ein Bild Gretchens, auf deren bevorstehendes Ende hindeutend. Auch in der uns vorliegenden Ausführung erblickt Faust in

der Gestalt die Züge Gretchens. Sie ist, wie im Entwurf
angegeben, nackt zu denken, vergl. V. 4117f.:

> Das ist die Brust, die Gretchen mir geboten,
> Das ist der süße Leib, den ich genoß.

Mephisto sucht sie als vieldeutiges Zauberbild hinzustellen,
erst als die Meduse, deren Blick versteinert, dann als Schemen,
das jedem wie sein Liebchen vorkommt, und schließlich wieder
als das vom Perseus erlegte Ungeheuer mit der sonderbaren
Angabe

> Sie kann das Haupt auch unterm Arme tragen,

wobei vielleicht die Erinnerung an die ursprüngliche Absicht,
den Kopf des Idols abfallen zu lassen, vorschwebte. Meint
es nun Mephistopheles mit seinen Erklärungen ernst? Man
sollte es fast glauben, wenn er Faust zuruft

> Nur immer diese Lust zum Wahn,

das heißt zu selbstquälerischen Einbildungen. Aber Goethe
hat es im Unklaren gelassen, weil die Erscheinung so, wie sie
jetzt auftritt, im Gefüge des Ganzen überhaupt keine klare
Bedeutung besitzt. Ursprünglich war sie ja für den Schluß
der viel weiter fortzuführenden Scene bestimmt und sollte
dort den Höhe- und Wendepunkt bezeichnen; die Fortsetzung
wurde aber unterdrückt und andrerseits wollte der Dichter
nicht auf die große erschütternde Wirkung verzichten, die das
Auftauchen von Gretchens Leidensgestalt vor Fausts Augen
mitten in der Bethörung aller seiner Sinne durch die Teil=
nahme an dem tollen Treiben der Walpurgisnacht hervor=
bringen mußte. Indem sie ihm erscheint, fühlt er notwendig
allen den Spuk um sich her versinken und sein ganzes Fühlen
und Denken ist nur ihr zugewandt, er durfte nur nach einem
verlangen: Aufklärung über ihr Schicksal, seit sie getrennt
waren, zu erhalten.

Das ging aber in der jetzigen Form nicht an. Es sollte

das Intermezzo folgen und die Scene abschließen; da durfte der Eindruck, den Faust erhielt, nicht überstark sein und mußte durch die erklärenden Bemerkungen Mephistos möglichst ausgeglichen werden. Denn Faust läßt sich von jenem fortziehen, um das Zwischenspiel mit anzusehen. Zu Worte kommt er in der „Walpurgisnacht" nicht mehr. Keine Andeutung, daß durch das Bild die Reue, der mahnende Ruf des Pflichtbewußtseins in ihm erweckt worden ist, — erst in der Scene „Trüber Tag. Feld" kündigt sich der Entschluß an, für Gretchens Rettung alles zu wagen, nachdem, wie wir annehmen müssen, Mephistopheles über ihr Schicksal des genaueren berichtet hat.

Jeder Leser der „Walpurgisnacht" wird nach der Erscheinung des Idols erwarten, daß dieses erschütternde Bild bestimmte, in der Handlung hervortretende Folgen nach sich ziehe. In Wahrheit ist aber die Scene mit den Worten

Denn Perseus hat's ihr abgeschlagen,

die auch den Schluß der Berliner Handschrift bilden, beendigt. Der Gedankenstrich, der hier folgt (übrigens erst seit B eingesetzt, was unter den Lesarten der Weimarer Ausgabe zu bemerken gewesen wäre), mag als Zeichen gelten, daß ein Sprung anzunehmen ist, daß von hier an ein neues Thema behandelt wird: litterarische Satire, in der nur noch einmal (V. 4383—90) ein paar Hexen an das vorhergehende erinnern. Vergebens sucht man diesen Gedankenstrich als dem Sinne nach falsch in die Anmerkungen zu verweisen, er ist einmal da und gewiß nicht ohne bestimmte Absicht des Dichters in den Text hineingekommen. Das Bestreben, diese Absicht zu leugnen, hängt aber mit der Auffassung des gesamten Schlusses unserer Scene zusammen.

Gerade in der letzten Zeit haben sich wieder Stimmen erhoben, die das Intermezzo der „Walpurgisnacht" aus dem

Plane der ganzen Dichtung als berechtigten, ja unentbehrlichen Bestandteil zu erweisen suchen: Veit Valentin (Goethes Faustdichtung in ihrer künstlerischen Einheit dargestellt. Berlin 1894, S. 103 ff.) und noch entschiedener Hermann Baumgart (Goethes Faust als einheitliche Dichtung. Erster Band. Königsberg 1893. S. 359 ff.). Der Gedanke, von dem beide ausgehen, ist durchaus beifallswürdig. Sie wollen der längere Zeit fast ausschließlich angewandten und arg übertriebenen Methode der Forschung entgegentreten, die vor allem darauf ausging, die Widersprüche der einzelnen Teile des Faust aufzusuchen und die große Dichtung in eine Reihe von stilistisch verschiedenen, sachlich sich häufig widersprechenden Fragmenten zu zerlegen. Dem Künstler Goethe geschah damit das schwerste Unrecht. Es wurde ihm, wo nicht die Fähigkeit, doch der Wille abgesprochen, im Faust ein wirkliches Kunstwerk zu liefern, und man vergaß ganz seiner eigenen Äußerungen, nach denen er hoffte, man sollte die neugedichteten Scenen nicht von den alten unterscheiden können. Der Rückschlag gegen diese Einseitigkeit konnte nicht ausbleiben und er wurde um so stärker, je mehr zuvor von der herrschenden Partei gesündigt worden war.

Die beiden genannten Werke sind Zeugnisse dafür, daß jetzt die entgegengesetzte Richtung in der Faustforschung Oberwasser zu bekommen beginnt; aber auch sie verfallen schon wieder in den Fehler ihrer Gegner, zuviel beweisen zu wollen. Denn ihr Bestreben geht darauf hinaus, die Einheit des Kunstwerks als eine absolute, durch nichts gestörte hinzustellen, und dadurch werden sie zu Aufstellungen verführt, die mindestens sehr kühn genannt werden müssen. Das sieht man an ihren Versuchen, „Oberons und Titanias goldene Hochzeit" als organischen Bestandteil des Faust zu rechtfertigen.

Valentin nimmt an, daß nicht wirkliche Elfen auftreten,

sondern daß ihre Rollen durch eine Dilettantengesellschaft unter den teuflischen Blocksbergsgeistern dargestellt werden, daß in erster Linie Faust als Zuschauer zu denken sei, ein litterarisch gebildeter Geist, dessen Gedankenwelt der Gegenstand des Intermezzos deshalb nahe stehen müsse. Die Absicht des Mephistopheles dabei sei, „Faust von der Erinnerung Gretchens zu entfernen und die ahnungsvollen Hinweise auf das ihr bevorstehende Schicksal in seinem Herzen auszulöschen, wenigstens für den Verlauf der Walpurgisnacht." Mit dem Aufhören des Spieles, dem Hereinbrechen des Morgens, höre die Walpurgisnacht überhaupt auf, die Welt der Zeitlichkeit trete wieder in ihr Recht. Über die Art, wie Faust dann die Bedeutung des Idols erfährt, gehe der Dichter weg und führe uns sofort zu der Scene, in der sich die Wirkung dieser Kunde zeigt.

Baumgart verweist auf Goethes Äußerung, Oberons goldene Hochzeit müsse am besten im Faust ihren Platz finden, und meint, daß die Ausleger, welche diese Meinung nicht teilten, nicht fühlten, was für einen Schimpf sie damit dem Dichter anthun und welcher wahrhaft barbarischen Mißhandlung seines ewigen Gedichtes sie ihn anschuldigen. Die „Walpurgisnacht" soll nach Baumgart von der Idee einer Darstellung des Bösen beherrscht sein. Der Stoff soll derart disponiert sein, daß zuerst das Böse in seiner Allgemeinheit vorgeführt wird, sodann in seinen spezialisierten und individualisierten Erscheinungen, als der Inbegriff alles Schlechten und Schändlichen in Staat und Gesellschaft, und analog alles Verderblichen, Perversen, Verkehrten in Wissenschaft, Kunst und Litteratur. Diese letzte Reihe von Verneinungen soll im Intermezzo geschildert sein. Baumgart sucht nun mit vielem Scharfsinn, aber nicht ohne Gewaltsamkeiten „die geistreiche Komposition der glänzenden,

einer Shakespeareschen Phantasie würdigen Dichtung" nach=
zuweisen, indem er sie als eine Art Aufzug vor dem wieder
vereinigten Königspaare der Elfen deutet, in dem in Gruppen
von je fünf Gestalten Vertreter der poetischen Produktion
und Kritik, der bildenden Künste, der litterarischen Journalistik,
der Frömmelei, der Philosophie und der Wissenschaft auf=
treten. Auch er denkt sich den „Walpurgisnachtstraum" als
wirklich aufgeführtes Theaterstück, durch das Faust bis zum
Morgengrauen dem Wunsche Mephistos entsprechend gefesselt
wird, nachdem er schon durch die Erscheinung des Profto=
phantasmisten sich selbst wiedergegeben worden ist. Beim
grauen, kalten, bleiernen Lichte des anbrechenden Tages soll
dann von selbst das Erwachen aus dem Taumel zu dem
nüchternen Bewußtsein der centnerschweren Gewissenslast vom
vorhergehenden Tage erfolgen. Der erste ernstliche Entschluß,
zu Gretchens Beistand zu eilen, müsse Faust ihre ganze
Schreckensgeschichte enthüllen.

Die Ansichten der beiden neuesten, geistvollen und
kenntnisreichen Erklärer des Faust sind hier angeführt
worden, weil sie das Beste und Gründlichste bieten, was bis=
her für die Berechtigung des „Walpurgisnachtstraumes" im
Gefüge der Dichtung vorgebracht worden ist. Gerade weil
ich gleich ihnen grundsätzlich die Einheit des ganzen Faust
verfechte, weil ich ihn nicht nur für unsere größte Dichtung,
sondern auch für eines der höchsten Kunstwerke halte, begrüße
ich jeden Versuch, die Einheit zu beweisen, mit großer Freude.
Denn ohne Einheit, d. h. ohne Beziehung aller Teile auf ein
gemeinsames Interesse, ist kein Werk der Kunst als Ganzes
existenzberechtigt, mögen die Einzelheiten noch so viel Schönes
und Wirksames bieten. Es hieße in der That, Goethen das
schwerste Unrecht anthun, wollte man die Einheit der Faust=
dichtung leugnen. Aber um sie anzuerkennen, muß man sich

erst darüber klar sein, worin sie beruht, was Goethe als das
Einigende ansah. Die Anschauung davon mußte bei ihm mit
seiner Kunstanschauung im allgemeinen wechseln. In der
Einleitung habe ich erwähnt, daß er von der höchsten Sub=
jektivität, die ihren Ausdruck in der „charakteristischen"
Kunst findet, seit der weimarer Zeit zur „schönen" Kunst
fortschreitet und daß der Faust diese Wandlung mit durch=
macht. Im Urfaust unmittelbarer Ausdruck innerer Erleb=
nisse, zusammengehalten durch die Einheit der Hauptperson,
im Fragment der Anlauf, die bis dahin getrennten beiden
Haupthandlungen zu einer zu verschmelzen. Den Mittelpunkt
bildet dramatisch Fausts Streben nach Befriedigung und
Mephistos vergebliche Versuche, sie ihm zu verschaffen, inner=
lich das Versinken eines hochstehenden Menschen in die Tiefen
der Schuld, geplant war wohl auch schon seine folgende Er=
hebung; in jedem Falle aber ist hier eine Einheit der Hand=
lung gegeben, die allen Ansprüchen genügt. In dem letzten
Plane von 1797, der für die „Walpurgisnacht" und ihr Inter=
mezzo allein in Betracht kommt, erweitert sich die Einheit
der Handlung zur Einheit der Idee, nicht etwa der philo=
sophischen, sondern der künstlerischen Idee, Prologe und
Epiloge bezeugen, daß im Drama selbst diese Idee nicht zu
erschöpfen ist. Sie besteht in der Darstellung des Menschen=
lebens an einem typischen Beispiel, der Träger muß, um
einigermaßen der Universalität der Aufgabe zu genügen, aus
der Beschränktheit der natürlichen Raum= und Zeitverhältnisse
hinausgehoben werden (wozu das von Anfang an eingeführte
Zauberwesen die bequemste Handhabe bietet), und der Dichter
darf selbstverständlich die Erscheinungen seiner eigenen Zeit
ebenso wie die jeder andern mit dem Helden in Berührung
bringen. Die Einheit der Form ist bei einem solchen Stoffe
nicht zu fordern; er verlangt im Gegenteil, sollen Form und

Inhalt einander entsprechen, die mannigfaltigste Ausgestaltung. Überall aber ist eines doch zu verlangen: die Beobachtung des ersten Kunstgesetzes, der Einheit des Interesses, denn sonst zerflattern die Teile haltlos nach allen Seiten und das Kunstwerk geht zu Grunde. Und weil wir es mit einem Kunstwerk zu thun haben, kann dieses Interesse sich nicht auf die Idee beziehen, sondern muß sich auf den Vertreter dieser Idee, auf Faust koncentrieren, alle Vorgänge müssen in sinnlich wahrnehmbarer Verbindung mit seinem persönlichen Schicksal stehen. Diese Verbindung kann unter Umständen eine äußerst lockere sein: der Maskenzug im ersten Akt des zweiten Teils ist gerechtfertigt, weil er mit dazu dient das heiter leichtsinnige Treiben am Kaiserhofe zu schildern, welches die Grundlage für Mephistos und Fausts Vorgehen bildet, die Gestalten der klassischen Walpurgisnacht bereiten stufenweise das Erscheinen der höchsten Schönheit vor, deren Verbindung mit Faust ihn auf den Gipfel der inneren Entwicklung führt, selbst der Homunkulus findet seine künstlerische Rechtfertigung als Führer ins Reich des Schönen, als erläuternde Wiederspiegelung von Fausts Streben in einer rein geistigen, durch keine körperliche Schranke gehemmten Existenz.

Wie steht es nun aber in dieser Beziehung mit „Oberons und Titanias goldner Hochzeit"? Goethe hat die Dichtung erst nachträglich für den Faust bestimmt, zuerst wollte er durch sie den Xenienkampf fortsetzen, vielleicht angeregt durch Schillers früheren Plan (an Goethe 31. Jan. 1796), die Reihe der Spottverse mit einer Komödie in Epigrammen zu schließen. Indessen kann dieser Umstand auf das Urteil über die künstlerische Berechtigung des Intermezzos keinen Einfluß ausüben. In der weltumfassenden Faustdichtung, die 1797 geplant wurde, war auch Raum für ursprünglich fremde Bestandteile. Ebensowenig ist an der Form Anstoß zu nehmen.

Das Schauspiel im Schauspiel konnte sich auf angesehene
Vorgänger berufen, das Intermezzo im eigentlichen Sinne
hatte Goethe in Italien als eine stehende Kunstgattung
kennen gelernt. Auch die epigrammatische Zuspitzung und die
lyrisch regelmäßige Gestalt der Vierverse darf bei der
hier herrschenden Freiheit der Form durchaus als erlaubt
gelten. Der Umstand, daß die auftretenden Gestalten zum
Teil satirisch beleuchtete Zeitgenossen des Dichters sind, die
kaum als Typen gelten können, ist zwar bedenklich, braucht
aber nach dem oben über das hier herrschende Kunstprinzip
gesagten nicht als dem Wesen der Dichtung widersprechend
angesehen zu werden. Allerdings unter einer Bedingung:
eine Beziehung auf den Helden mußte vorhanden sein. Ist
dies nun hier der Fall? Die beiden angeführten Auslegungen
vertreten die Ansicht, daß Faust als Zuschauer des Schau=
spiels zu denken sei und daß er davon bis zum Anbruch des
Morgens gefesselt werde. Aber wo ist dafür ein Zeugnis zu
finden? Nimmt Faust inneren Anteil an dem Vorgeführten,
so müssen wir vom Dichter verlangen, daß er dies entweder
gleichzeitig oder später wahrnehmbar werden lasse, und daß
irgendwie ein Beweis der behaupteten Wirkung gegeben werde.
Denn hier gilt der Spruch in vollem Maße: Quod non est
in actis, non est in mundo. Der „Walpurgisnachtstraum"
enthält weder selbst irgend eine sachliche Beziehung zu der übrigen
Dichtung, noch ist vor= und nachher, abgesehen von den wenigen
äußerlich überleitenden Versen irgendwo auf ihn hingewiesen, er
bleibt für die Handlung in jedem Betracht wirkungslos. Alles
was vorgebracht wird, um seinen Zusammenhang mit dem großen
Ganzen zu verteidigen, ist von außen her hineingetragen und
besitzt deshalb keine Beweiskraft. Die Behauptung der künst=
lerischen Einheit des Faust läßt sich an dieser Stelle, der einzigen
ihrer Art in der gesamten Dichtung, nicht aufrecht erhalten.

Wenn Goethe aber trotzdem meinte, daß „Oberons goldene Hochzeit" am besten im „Faust" ihren Platz finden müßte, so hat er entweder damals an eine engere Verknüpfung der Satire mit der Handlung gedacht (vergl. Par. 40), oder man gelangt, wenn man dies nicht gelten lassen will, leicht zu der Annahme, die Verachtung seines Werkes, für die oben Beweise angeführt wurden, habe ihn auch an die Forderungen vergessen lassen, die selbst bei der allerflüchtigsten Komposition zu erfüllen sind.

Indem wir das annehmen, drücken wir aber die künstlerische Größe Goethes tief herab. Denn es handelt sich ja hier nicht um die leicht hingeworfene Schöpfung eines Augenblicks, sondern um einen Teil von Goethes großem Lebenswerk, von dessen Entwurf bis zur Veröffentlichung mehr als zehn Jahre vergingen. Wie oft mag der Dichter in dieser Zeit diese Partien überdacht haben! Und auch nachher hat er sie immer wieder in derselben Gestalt veröffentlicht, trotzdem er vor Änderungen nicht zurückschreckte, ja sogar gerade im „Walpurgisnachtstraum", und einzig nur hier, noch neue Verse hinzufügte (siehe auch Par. 47). Es entsteht also die Schwierigkeit, daß unsre Überzeugung von der Größe Goethes als Künstler in Widerspruch kommt mit den vorliegenden Thatsachen, die ihn als bewußten Verächter des ersten aller Kunstgesetze zeigen. Aber der Knoten ist unschwer zu lösen.

Als „Intermezzo" ist der „Walpurgisnachtstraum" vom Dichter bezeichnet worden. Das heißt auf deutsch Zwischenspiel und zwar doch wohl sicher Zwischenspiel der „Walpurgisnacht", nicht des ganzen Faust. Ein Zwischenspiel aber kann unmöglich am Ende einer Handlung stehen, es muß noch etwas darauf folgen, und dieses folgende Stück fehlt hier. Wir wissen, daß Goethe in der That das Intermezzo für die Mitte der ganzen Scene bestimmt hatte (siehe Par. 48), daß aber alles spätere von ihm unterdrückt worden ist. Es wäre also nach dem Intermezzo eine ähnliche Lücke anzunehmen, wie an andern Stellen des Faust (Abstieg zur Proserpina, Belehnung durch den Kaiser), eine Lücke, die nur notdürftig durch die letzten vier Verse, die den heranbrechenden Morgen ankündigen, verdeckt wird. Denken wir diese fort, so ist ein Abschluß überhaupt nicht vorhanden, und man erwartet, daß die unterbrochene Handlung weiter geführt werde. Also nicht einem Mangel an künstlerischer Sorgfalt in der Komposition, sondern einem bewußten Verzichten des Dichters in der Ausführung des Geplanten entstammt der unbefriedigende Eindruck, den das Intermezzo, ebenso wie der vorausgehende Schluß, oder besser Abbruch der „Walpurgisnacht" selbst hervorruft.

Die Einheit der Dichtung, welche die Ausführung vermissen läßt, ist in dem Plane völlig gewahrt worden. Auf Grund der Paralipomena läßt sich eine geschlossene Handlung rekonstruieren, die nicht nur die „Walpurgisnacht" als ein notwendiges und eng verbundenes Glied in die Kette des ersten Teils einfügt, sondern ihr auch eine weit höhere Bedeutung im Gange des Dramas verleiht.

Als Grundlage des nur teilweise ausgeführten Planes ist die Skizze Par. 31 und 48, die in der Weimarer Ausgabe mit Unrecht zerrissen worden ist, anzusehen. Sie ist gemeinsam mit Par. 22 und 24 erhalten als Überbleibsel eines aufgelösten Quartheftes, in das Goethe die Entwürfe für die Ausfüllung der Lücken im Fragmente eingetragen hatte. Die Einleitung sollte anders als jetzt gefaßt werden. Nicht die Wanderung, sondern eine Schilderung der zeitgenössischen Gesellschaft, die sich zur Feier der Walpurgisnacht auf dem Brocken versammelt, eröffnet die Handlung, leeres Gespräch der Frauen über Theater, der Männer über das

Kartenspiel. Campe als Rattenfänger von Hameln, Hennings als Musaget tritt hinzu (Par. 40), auch die Hexe aus der Küche kommt, der einst Mephistopheles die Beweise seiner Dankbarkeit auf Walpurgis versprochen hat. Dieser geht zwischen den Gruppen umher, Faust führend und seinen Witz an ihren Schwächen übend. Das Intermezzo läßt dann den Hagel der Satire, dessen Körner zuvor schon einzelne Erscheinungen trafen, in dichten Schlossen herabprasseln. Faust und Mephistopheles verlassen nach der Beendigung des Zwischenspiels, das sie mit angesehen haben, die um den Gipfel lagernden Hexen und steigen auf einsamen Wegen höher empor. Hier sollte vielleicht die Bergeswanderung eingeschoben werden, die jetzt am Anfang der Walpurgisnacht steht. Sie ist erst nachträglich an die jetzige Stelle gesetzt worden, wie die Berliner Handschrift beweist, die mit V. 3871 beginnt und deren erstes Blatt leergelassen ist.

Indem die Wanderer sich dem Gipfel nähern, vernehmen sie Trompetenstöße, durch Blitz und Donner kündigt sich die Nähe der höchsten Verkörperung des Bösen an. Auf einem emporragenden Felsen, der von Feuersäulen, Rauch und Qualm umgeben ist, sitzt der Satan, von einer dichten Menge umgeben, so daß es für Faust und Mephistopheles, die erst nach den übrigen eintreffen („Versäumnis"), schwer ist, bis zu dem Thronsitz zu gelangen. Indessen, Mephistopheles weiß sich durchzudrängen (vergl. V. 4023 „Platz! Junker Voland kommt. Platz! süßer Pöbel, Platz!"), dadurch kommen einige, die von den zurückweichenden zu arg gedrängt werden, zu Schaden, sie erheben ein Geschrei (ähnlich wie die Hexen V. 3873—77), ein Chorlied zu Ehren des Satans ertönt dazwischen.

Faust und Mephistopheles stehen nun am Throne, den das Element, das sich der Teufel vorbehalten hat, umlodert,

so daß die Hitze kaum zu ertragen ist. Er selbst erscheint als
„Feuerkoloß" (Par. 50, Z. 1, vergl. auch Par. 34 „Leuchtende
Figur des Meph."). Sie erblicken in unmittelbarer Nähe
die obersten Hofchargen des Satans: Kaiser, Könige, Fürsten.
Die Feier beginnt (Par. 50). Sie ist als eine Parodie des
jüngsten Gerichts gedacht (vergl. Par. 49). Wie dort der
Herr über alles Volk Gericht hält, die Gerechten von den
Sündern sondert, so hier der Satan. (Ein ähnliches Bild
Venet. Epigr. 48). Nur daß auf dem Brocken, wo lediglich
Vertreter des Bösen sich versammeln, die Teilung nicht nach
dem Grade der sittlichen Reinheit erfolgt. Nicht werden die
Böcke von den Schafen geschieden, sondern die Böcke sollen
zur rechten, die Ziegen zur linken treten, der geschlechtliche
Unterschied ist also das maßgebende. Beide Geschlechter aber
erfüllen in ihrer Vereinigung die höchste Aufgabe des Daseins,
die nach der Lehre des Satans nur in der Befriedigung der
tierischen Triebe besteht, von der selbst der Ekel nicht abhalten
kann. Sie ist für Männer und Weiber das letzte Ziel und
hier enthüllt sich angeblich das Geheimnis der tiefsten Natur,
nach dem Faust so sehnsüchtig verlangte und das er mit
Hülfe Mephistos entdecken zu können hoffte: der Zeugungs=
akt, aufgefaßt als das Ziel, auf das alles Streben hinweist,
schrankenloses Genießen, das durch Gold und Liebe gewährt
wird. Der Materialismus triumphirt. Jede ideale Regung
ist in der Menge erloschen, die sich um den Thron versam=
melt hat, und stürmisch drängen sich die Fernstehenden hinzu,
damit sie die „köstlichen Worte" deutlicher verstehen. Die
Unerfahrenheit eines jungen Mädchens weiß sie nicht ganz
zu fassen. Die Skizze ist nicht abgeschlossen, wie das leere
Blatt der Handschrift beweist. Von den folgenden Audienz=
scenen ist auch nur eine ausgeführt. Ein Vasall des Satans,
der sich mit der verlogenen Schmeichelei des Höflings der

schmählichen Huldigung unterzieht, wird mit Millionen Seelen belehnt. Die Worte „bin ich gleich von Haus aus Demokrat" machen es wahrscheinlich, daß die Satire sich gegen das Kriechen der früheren Republikaner vor Napoleon richtet. Um Mitternacht versinkt die Erscheinung in den Berg (Par. 48), der wie ein Vulkan Flammen speit, die Menge strömt unordentlich auseinander und mit Brechen und Stürmen geht wie die Ankunft auch der Abgang des Hexenchores von statten, der wieder in unflätigem Gesang sein Wesen offenbart (Par. 50, Z. 113—117). Faust und Mephistopheles bleiben allein zurück. Ihr Gespräch hat notwendig die Erlebnisse der Walpurgisnacht und ihre Wirkungen auf Faust zum Gegenstand. Davon hat aber Goethe in dem Heft der Entwürfe (Par. 50) nur eine Stelle angedeutet: „F.(aust): Schöpfung des Menschen durch die ewige Weisheit — der Hexen zufällig wie Python." Er dachte bei dieser Parallele wohl an die Schilderung Ovids (Metam. I, 434 ff.):

Ergo ubi diluvio tellus lutulenta recenti
Solibus aetheriis altoque recanduit aestu,
Edidit innumeras species, partimque figuras
Rettulit antiquas, partim nova monstra creavit.
Illa quidem nollet, sed te quoque, maxime Python,
Tunc genuit, populisque novis, incognite serpens,
Terror eras.

Erwähnt ist der Python auch in dem homerischen Hymnus auf die Geburt des Apollo (V. 372), dessen erste 138 Verse Goethe im Jahre 1795 nachgedichtet hat, und bei dem ihm wohlbekannten Hygin fab. 140.

Wie der Drache Python von der Erde widerwillig erzeugt wurde, so sollen auch die Hexen, als Ausgeburten des bösen Princips, nicht im Plane der göttlichen Weltordnung mit einbegriffen sein.

Nach Fausts Worten folgt in der Handschrift ein freier

Raum. Mephisto sollte wohl mit dem Hinweis auf die Notwendigkeit des Bösen antworten, sein Vorhandensein seit dem Urbeginn aller Dinge betonen, wie schon in V. 1349 f. Faust hat das Böse in seiner mächtigsten Verkörperung jetzt geschaut und einen imponierenden Eindruck davon empfangen. Er sieht: hier ist unumschränkte Macht, die Möglichkeit, den Becher der Lust bis auf den Grund zu leeren, hier kann er, wenigstens in seinem gegenwärtigen erniedrigten Seelenzustand, Befriedigung erhoffen. Nur die Form der Erscheinungen hat ihm nicht zugesagt. Sie widerstehen mit ihrer nordisch wilden, düster nebelhaften Art, ihrer grotesken Häßlichkeit seinem ästhetisch gebildeten Geschmack, er sehnt sich nach edleren Gestalten. Den unbesiegbaren Drang nach Italien, der Goethen selbst so lange Zeit beherrschte, überträgt er auf seinen Helden. Auch mit diesem Triebe Fausts ist Mephistopheles ganz einverstanden, er erwartet, daß die einschmeichelnden Gestalten der klassischen Welt und ihrer Nachkommen Faust durch die Sinnlichkeit, die schon die Überhand in ihm gewonnen hat, völlig bethören und ihm ganz zu eigen geben werden.

Freilich weiß er, daß auch im Süden der Genuß nicht ungetrübt ist; denn Ungeziefer und Pfaffen müssen mit in Kauf genommen werden. So sagt er:

> Dem Ruß der Hexen zu entgehen
> Muß unser Wimpel südwärts wehen;
> Doch dort bequeme dich zu wohnen
> Mit Pfaffen und mit Scorpionen.

Man erinnert sich bei den letzten Worten an die vier verhaßtesten Dinge, die Goethe im venetianischen Epigramm Nr. 66 aufzählt: Rauch des Tabaks, Wanzen und Knoblauch und †.

Erich Schmidts Annahme, daß die Verse des Mephisto=
pheles vielleicht nur eine Variante von Par. 33:

<blockquote>
Wie man nach Norden weiter kommt
Da nehmen Ruß und Hexen zu
</blockquote>

seien, kann ich nicht teilen. Par. 33 gehört dem Aufstieg an,
soll eine von Faust bemerkte Erscheinung der Brockennatur
erklären, unsre Stelle dagegen enthält eine Aufforderung, diese
Gegend zu verlassen, weist gerade aus den Regionen der
Walpurgisnacht hinweg. Faust sehnt sich fort. Er ist schon
zufrieden, wenn er nur seinen jetzigen Zustand mit einem
andern vertauschen darf („Veränderung ist schon alles"), und
wäre es auch ein schlechterer, wie die Natur des Menschen
zu Zeiten eine gewaltsame Eruption der krankhaften Stoffe
braucht, um nicht von ihnen überwältigt zu werden („Krank=
heit das Mittel ein Choc, damit die Natur nicht unterliege").

Auf dieses neue Gelüst Fausts baut Mephistopheles
seinen Plan, um ihn ganz zu verderben. Auf Zauberrossen
will er ihn gen Süden führen, „und Faust eine Falle legen,
gelingts, so holt er ihn". In diesen Worten Goethes ist die
entscheidende Bedeutung der Stelle klar ausgesprochen. Die
entnervende Kraft des Südens soll auf Fausts bereits er=
schütterten Charakter erschlaffend einwirken, daß er sich ganz
dem Genuß hingiebt, womit er die Bedingung des Vertrages
erfüllt hat und reif erscheint, von hinnen getragen, vom Teufel
„geholt" zu werden, wie Goethe sich hier ausdrückt.

Vordeutend ertönt sirenenhafter Schmeichelgesang; „die
Allerbesten hat solch ein Sing=Sang schon besiegt", heißt es
im zweiten Teile (V. 7154 f.). Faust weiß nicht, wem es
gilt, Mephistopheles belehrt ihn, daß er selbst gemeint sei.
Faust wehrt sich unwillig dagegen, daß er dafür empfänglich
sei, da verrät jener keck seinen Plan; denn schon glaubt er,
sein Spiel aufdecken zu dürfen, Faust aber leugnet von neuem,

daß Reize dieser Art auf ihn wirken könnten („Er solls wo anders anwenden"). Aber wir fühlen, daß der Faust, der eben an der tierischen Lust des Hexensabbaths Anteil genommen, der gewissenlos das Opfer seiner Leidenschaft verlassen hat, der Verführung anheimfallen muß, wenn sie mit neuen Reizen, die an Stärke alle früheren übertreffen, auf ihn einstürmt. Und so scheint er nun verloren zu sein, als sie die Rosse besteigen und mit ungeheurer Schnelligkeit dahinfliegen. Aber er wird gerettet. Sie kommen in eine „falsche Richtung", vielleicht indem sie in den Zug der heimziehenden Hexen hineingerissen werden, und ihr Weg wendet sich, statt nach Süden, nach Osten. Sie gelangen zur Stätte des Hochgerichts. Hier sollte wohl die alte Rabensteinscene eingefügt werden. Der Chor der Hexen, der um die Richtstätte kreist, singt von dem Zauber des Blutes, von dem Laster als Quelle des Mordes. Sie treten hinzu; um über die gedrängte Menge, die das Hochgericht umgiebt und in ihrem Reden und Singen von dem Geschauten unklare Kunde giebt, hinwegzusehen, ersteigen sie einen Baum. Da erblicken sie dann das Idol Gretchens, das Bild des ermordeten Kindes am Halse (Par. 45). Ihr Ende, das sie nach Anbruch des Tages durch das Schwert finden soll, kündigt sich symbolisch an, indem der Kopf herabfällt und aus dem Halse ein Blutstrom springt, der das Feuer löscht. In der Dunkelheit, die nun plötzlich eintritt, erfährt Faust durch das Geschwätz der vielwissenden Teufelskinder, der Kielkröpfe, Gretchens Schicksal. Der Morgen dämmert herauf, und unmittelbar schließt sich die Scene „Trüber Tag. Feld" an, das Zwiegespräch Faust-Mephistopheles, das durch die Schlußworte von Par. 50 genügend deutlich bezeichnet ist. Faust ist durch das Entsetzliche, was er gesehen hat, aus seinem Taumel herausgerissen worden, die bessere Natur ist wieder erwacht und er vermag

jetzt der Verführung zu trotzen, der Weg nach oben, zur
Läuterung durch neues Streben beginnt.

Die vorstehende Übersicht der unausgeführten Teile der
"Walpurgisnacht" schließt sich Goethes hinterlassenen Entwürfen eng an. Möglich, daß hier und da die Verbindung
der Stücke anders geplant war, daß einzelne dunkle Andeutungen nicht zutreffend ausgelegt sind, im ganzen wird doch
der Plan des Dichters unsern Angaben entsprochen haben.
Sie zeigen, wie sehr Goethe der Dichtung im ganzen wie der
"Walpurgisnacht" im besondern geschadet hat, als er sich
durch Unlust oder moralische Bedenklichkeit bestimmen ließ,
seine Conception zu verstümmeln. Und will man es als
einen Vorteil bezeichnen, daß die großartigen Unflätereien
der Teufelsanbetung der Dichtung fernblieben, so scheint mir,
daß diese bei weitem nicht so abstoßend gewirkt hätten, wie
die Schmutzflecke, die über die "Walpurgisnacht" in ihrer
jetzigen Gestalt hier und da hingespritzt sind, um ihr die an-
gestrebte Stimmung zu verleihen. Da wäre doch noch eine
gewisse Größe des Lasters, die Achtung gebietend wirken könnte,
ein großer dichterischer Zweck, der die Anwendung krasser
Kunstmittel rechtfertigte, während nun die vereinzelten Zoten,
deren tiefere Absicht nur bei genauer Betrachtung sich enthüllt, leicht als aus Freude am Schmutzigen eingestreut erscheinen. So erklären sich harte Urteile über diese Stellen,
wie sie besonders Friedrich Vischer (Goethes Faust. Stutt-
gart 1875, S. 59 f.) fällt. Es erklärt sich auch, weshalb
er einen Mittelpunkt der ganzen "Walpurgisnacht" vermißt,
überhaupt an ihrer Stelle lieber etwas anderes, etwa die
"Helena", gesehen hätte.

Freilich ist im allgemeinen kein Kritiker verpflichtet, bei
der ästhetischen Beurteilung eines vollendeten Kunstwerks
die Zeugnisse für die früheren Stadien der Arbeit zu berück-

sichtigen. Aber wenn man bedenkt, wie oft die Dichtung des Faust unterbrochen wurde, wie sehr in der langen Zeit die Ansprüche des Meisters selbst an sein Werk gewechselt haben, und wie gerade in dem vorliegenden Falle äußere Hindernisse die Ausführung in der besseren Gestalt, die vor seinem inneren Auge stand, erschwerten, so kommt man doch zu der Überzeugung, daß beim Faust die historische Betrachtungsweise mit der ästhetischen verbunden werden muß, um zu einem gerechten Urteil zu gelangen. Nur der wird die architektonische Größe der Peterskirche richtig würdigen, der von Bramantes und Michelangelos Plänen weiß und im Geiste die Zuthaten Madernas und der Späteren beseitigt. So geht es auch mit dem Faust. Nur daß hier, wo ein Meister am Werke war, gewöhnlich das Vollbrachte mit dem Gewollten gleichgestellt wird, weil man die Schwierigkeiten nicht kennt, die ganz denen einer von mehreren Generationen fortgeführten Arbeit entsprachen, und weil man vergißt, daß der Faust mit den Maßstäben, die sonst an dichterische und besonders an dramatische Schöpfungen gelegt werden, nicht zu messen ist. Er steht inhaltlich und formal ganz allein da und darf so auch seine besonderen Forderungen an den Betrachter erheben. Zu diesen gehört z. B. ein überfreies Schalten mit Raum und Zeit, wie es gerade die „Walpurgisnacht" voraussetzt, der im dramatischen Fortgang die ganze Leidenszeit Gretchens entspricht; es gehört dazu aber ferner vor allem, daß der Dichter sich hier das Recht nimmt, beliebig zu reden und zu schweigen. Dieses Recht hat er bei der „Walpurgisnacht" geübt und wir müssen uns glücklich schätzen, daß seine hinterlassenen Papiere uns die Möglichkeit gewähren, die Größe seiner künstlerischen Gedanken an einer Stelle nachzuweisen, wo die Ausführung sie kaum ahnen läßt. Zu einem der wichtigsten Glieder der Handlung wird eine Scene, die man sonst kaum als schildernde Episode gelten lassen konnte, bei der Forderung einer einheitlichen Handlung aber gänzlich verwerfen mußte.

Freilich wird dadurch für das Bühnendrama Faust die „Walpurgisnacht" nicht gerettet; denn alle Versuche der Ergänzung auf Grund der Paralipomena müssen sich bei andeutender Darstellung bescheiden. Aber es zeigt sich dafür, daß Goethes Künstlerruhm an einer Stelle, wo er dem Anschein nach arg verdunkelt ist, in hellem Lichte strahlt, und es wird für den, der unsre größte Dichtung rein genießen will, ein Stein des Anstoßes hinweggeräumt. Und das mag doch auch nicht ganz ohne Wert sein.

Paralipomena zur „Walpurgisnacht".

Nach der Weimarer Ausgabe.

(*Cursivdruck*: Lateinische Lettern, Schwabacher: Ausgestrichenes.)

a. Excerpte.

27. [1] 1. [Bezahlung der Inquisitions Kosten in Criminal fällen [2] wenn der Inquisite schuldig, unvermögend und kein Ankläger [3] da ist.] Juncker der Böse Feind Weisse Würmer, schwarze [4] Köpfe Schwarz Kleid rother Federbusch gelbe rothe Strümpfe [5] Eselsfus Blauen Hut roth und weisse Strüpplen

Im Thume
Steht die Rosenblume
Sie ist weder Braun noch fahl
so müssen die Husdinger verstauben und zerfahren
[10] Und kommen Margrethen ins Teufels nahmen an

[11] 3 pf Lohn Böse Dinger Wolle er ihr den Hals brechen

[12] 2. Begiessen, anspeyen, anblasen Die Pfoten Esels Pferde Fus [13] lange Nägel Rauhe Latschen Fahrt auf den Blocksberg Kuchen [14] getanzt

[15] 3. Der Alf Hinckepinck. Tauft d. *P. W.* 33 bringt dessen [16] Frau um.

[17] 4. Die Elben zubringen und abnehmen.

[18] 5. Gar rauh und nicht gros ist Juncker, sein thun sehr kalt. [19] Werck [= Werg] Hadern Zaubrisch Geschoss von Gänsefedern und [20] Stecknadeln in ein schwarzes Lederlein gebunden. Weiser Dorn=[21] Busch drey gelbe Steck=nadeln. Du hast mich geschossen ich schiese [22] dich wieder ins Teufels nahmen

[23] 6. Pulver aus einem Todtenkopf und Erde aus dem Grabe. in [24] die Häuser gestreut

[25] 7. Juncker als ein schwarzes Mängen wie ein Esel gros. Er [26] habe ihr nichts gelernt als die Leute ver=derben Sein Thun [27] währt eine halbe [nach ganze] wohl ganze Stunde hat ein Ding wie [28] ein Esel gros auch wie ein kalt hörnchen Zwey Kinder gestaltet [29] wie der böse Volant Wetter machen

[30] 8. Die Leut blenden daß sie nicht in Verhafft ge=nommen würde

[31] Elben gute Kinder reisende gute Kinder fahrende Dinger [32] Gute Holden. Weisgelb ein Paar schwarze Flügel dazu

Absätze und Bezifferung sind vom Herausgeber eingeführt. Die Quelle aller Notizen sind die Sentenzen im Anhang zu Quaestio L von Carpzovs Practica nova (siehe oben S. 9f.). Da die Sentenzen in der Goethe bekannten Hexenlitteratur oft angezogen sind, erscheint es fraglich, ob er Carpzovs Schrift direct benutzt hat, doch beweist die später gestrichene Notiz Zeile 1—3 dies mit einiger Sicherheit, da diese an den übrigen Stellen nicht zu finden ist und jedenfalls auf Carpzov Pars III Quaestio CXXXVIII: „De Sumptibus Causarum Criminalium, quisnam hosce solvere teneatur. N. 23: Quid, si reus ex inopia sumptus litis solvere nequeat" zurückgeht. In Z. 15 liest die Weimarer Ausgabe Kaust statt Taust. Der Fehler ist schon von Strehlke verbessert worden.

Nach Erich Schmidts Vorgang füge ich zum besseren Verständniss die von Goethe excerpierten Stellen bei.

Zu 1. Sent. 35: Die Angeklagte M. L. hat bekannt, dass sie eine Zauberin sei und wäre ihr **Juncker, der böse Feind**, ... zu ihr kommen, dem sie in alle Ewigkeit eigen zu seyn zugesagt, und sich verpflichten müssen, darauf er ihr zur Bestätigung einen **drey-Hellers-Pfennig** gegeben, und habe zum ersten mahl, als er bey ihr geschlaffen, **schwartze Kleider an, einen schwartzen Hut auf, einen gelben Feder-Busch, rothe Strümpffe und einen Küh-Fufs gehabt** .... und habe von ihm nach 4 Wochen 5 paar böser Dinger gezeuget und gebohren, wären wie weifse Würmer gewesen, und hätten **schwartze Köpffe** gehabt, die habe sie der Hirtischen Margarethen in das lincke Bein gebracht, und gezaubert, durch nachfolgenden Spruch: **Im Thume stehet die Rosen-Blume, sie ist weder braun noch fahl, so müssen die Huffdinger zersteuben und zerfahren, und kommen der Hirtischen Margarethen in des Teuffels Nahmen an.** Wie er aber zum andern mahl zu ihr kommen, ... habe er ... **graue Kleider und Hut, einen braunen Feder-Busch, gelbe Strümpffe, und den rechten Fufs wie ein Esel** gehabt, und ihr nicht mehr denn 3 pf. zu Lohn gereichet ... 18 Jahr habe sie mit dem bösen Feind Verbündnifs gemacht, und wenn solche Zeit um wäre, **wolte er ihr den Hals brechen**, um sie in die Hölle zu bringen.

Zu 2. Aus Sent. 34: „Hat die verhaffte Weifsbarbara in scharffer Frage bekannt und gestanden, dafs sie durch einen Gofs dem jungen Georg Herteln, und Thomas Fischern Reifsen und Stechen im Leibe zugefüget ... so sie durch Eingebung des Teuffels in Thomas

Kehrens Flachs 3 mahl geblasen, darüber sein, des Kehrens Weib, Sohn und Tochter Beschwerung bekommen, ... inmafsen sie ferner Christoph Kümmeln, den Bräutigam, so Christoph Busch Tochter geehliget, als er in die Kirchen gangen, angespeyet, und gesagt, es komme dir in deine Bein und Kopff." Der Teufel habe einen hübschen Fufs gehabt, „(der andere aber wäre eine Pfote gewesen) mit blauen Strümpffen, an der linken Hand hätte er lange Nägel gehabt . . . wäre auch mit diesem Juncker Hans Bastian in die 10 mahl aufm Blockersberge gewesen, daselbsten sich lustig und guter Dinge erzeiget, Kuchen gehabt, gegessen und getruncken, auch mit ihrem Juncker getantzet." Aus Sent. 29: „Es wäre auch der Teuffel offt im Holtze in Gestalt eines Bauers-Manns zu ihr kommen, aber doch seine rauche Latzschen gehabt.

Zu 3. Aus Sent. 33: „Hat der Verhaffte P. W . . . . . gestanden: dafs er den Alff Hinckenpick genannt, von P. A. vor und um ein neu Dütgen erkaufft; von deme er, Gefangener, in des Teuffels Nahmen umgetauffet . . . auch sein erstes Weib durch den Alff umbringen lassen."

Zu 4. Aus Sent. 32: Hat die verhafftete M. G. bekannt und gestanden, dafs sie die bösen Dinger, die Elben, Andreas Münchrots Kinde, und Marthen Opelin Kinde zugebracht; und da sie dieselben wieder abgenommen" . . .

Zu 5. Aus Sent. 31: Die gefangene lahme C. hat gestanden, sie habe mit dem Teufel Unzucht getrieben, „es wäre derselbe gar rauch, und nicht sehr grofs, auch nicht länger denn sie, und wie sie sich mit ihm vermischet, das Ding gar kalt gewesen. . . . . Desgleichen habe sie in Hansen Wolffens Hof beym Stöckgen, darauf sie gesessen, einen Schofs hingeworffen, und dazu Werck,

Hadern und Haare, auch eine Gansefeder und Stecknadel gebrauchet, solches in ein schwartzes Lederlein gebunden .... ihre Mutter hätte sie gelehret, diese Worte darbey zu sagen: Du hast mich geschofsen, ich schiefse dich wieder in dieses nnd jenes Nahmen." Aus Sent. 29: „Hat die gefangene Mühl-Lehna ... gestanden, dafs sie Martin Luntzens Tochter durch zauberische Geschofs beschädiget, darzu sie weifsen Dornbusch und 3 gelbe Stecknadeln gebraucht."

Zu 6. Aus Sent. 30: M. S. gesteht, er habe „ein Pulver aus einem Todten-Kopff und Erden, so aus denen Gräbern genommen worden, gemacht, in die Häuser gesträuet, davon alle Personen, so darinnen gewesen, sterben müssen."

Zu 7. Aus Sent. 29: Hat die gefangene Mühl-Lehna gestanden „dafs sie mit dém Teuffel ein Verbündnifs, aber nicht auf eine gewisse Zeit aufgerichtet, welcher allezeit als ein schwartzes Männichen, wie ein Esel grofs zu ihr kommen ... ferner aber ihr nichts mehr gelehret, denn wie man die Leute verderben solle ... allezeit, wann er zu ihr kommen, hätte er es wohl zweymahl gethan, und jedesmahl eine halbe, auch wohl ganze Stunde gewähret, er hätte ein grofses Ding als ein Esel gehabt." Der Mitgefangnen Tochter A. L. hat gestanden, wann der Teufel mit ihr zu thun gehabt, „wäre es nicht anders gewesen, als wenn er ein kalt Hörnichen darzu gebrauchet. Sie hätte auch zwey Kinder von ihme gezeuget, welche wie der böse Volant gestalt gewesen ... Nach dem Beyschlaff hätte ihr der Teufel gelehret Wetter machen."

Zu 8. Aus Sent. 28: Hat die Gefangene M. P. gestanden, der Teufel hätte gegen ihr geredet, „dafs er die Leute, wenn sie, die Gefangene, auf Hochzeiten, oder Edel-Kindtauffen etwas stehlen, oder mit dem Brand-Bettel-Brieff umgehen, und darauf betteln würde, blenden wolle, dafs sie nicht in Hafft genommen werden solte."

Zu 9. Zusammenstellung von verschiedenen Bezeichnungen der Elben in den Sentenzen. In Sent. 4: „zwey paar gute Kinder, wie sie es nennet, oder Elben ... weifse und schwartze, die reifsende guten Kinder genannt." In Sent. 5: „gute Kinder ... ein Paar weifsgelbe und noch ein Paar, so darzu geflogen, und schwartz gewesen." In Sent. 6: die guten Holden. In Sent. 8: die fahrenden Dinger.

28. Jüngster Tag. *Praeadamiten.* Grausam wilde Menschen Ungethüm *Praetorii* übrige Werke.

Auszug aus der Vorrede zum „Anthropodemvs Plutonicvs" (siehe oben S. 23). Strehlkes Vermutung, dafs die Vorstellung des Jüngsten Tages in Verbindung mit dem Faust gebracht werden sollte, entbehrt jeder Begründung, ja es ist überhaupt stark zu bezweifeln, ob das Blatt hierher gehört, da es sich nicht unter den Faustpapieren sondern unter viel jüngeren befand.

29. [1] Hagestolz Träume Alp Nahmen zu brauchen Weise [2] Frau Trutten Schu Alpfuß Lieb Leib und Bley Nachtraben [3] saugen an Kindern Rothe Maus aus dem Munde [4] Gewachsene töpfe Musifer der Rattenfänger [5] *Chaos* festes durch welches die Geister durchgehen. [6] *Vndenen* ohne Seele das Bündniß gibt die Seele [7] Das mindere geneußt des mehreren Unterschied in reden *p.* 86.

Überliefert auf demselben Blatte wie V. 3149—52, Par. 10, 33, 34, 35, 37, 38, 44, 52, 53. Z. 3 liest die Weim. Ausg. „hängen", Z. 4 „Gewächs an töpfen"; doch ergiebt sich die Richtigkeit unserer Lesung aus der Quelle. Die Notizen stammen, wie Par. 28, aus Praetorius.

Hagestolz: Vorrede S. A 7ᵃ „Mann nennet die Coelibes auch nur halbe Menschen". Träume: Am Schlusse der Vorrede spricht P. ausführlich von seinem geplanten Traum-Buch. Alpnamen: S. 1—44 „Von Alpmännrigen'. Weise Frau: S. 4f. wird Alp von alba abgeleitet „als weren sie weifse Weiber". Trutten Schu Alpfufs: S. 5 Alp abgeleitet von dem Schuh der Druiden, der die Form des Pentalpha gehabt habe, das deshalb auch Alpfufs genannt wird. Lieb Leib und Bley: S. 12 „dafs Lieb per anagr. heisset Leib, und Bley." Nachtraben saugen an Kindern: S. 17f. ist von den „Geifsmelckern" erzählt, die bei Nacht an den Brustwarzen der Kinder saugen. S. 18 „Es sind ihnen fast gleich die Nacht-Raben bey den Alten, von welchen Ovidius lib. 16 also redet" ... Rothe Maus aus dem Munde: S. 43 Eine Magd legt sich schlafen, während das übrige Gesinde Obst schält. „Was geschieht? wie sie ein wenig stille gelegen, siehe, da kreucht ihr zum offnen Maule herauſs ein rothes Mäuselein." Gewachsene Töpfe werden S. 54 die in der Erde aufgefundenen Urnen genannt. Rattenfänger: Seine Geschichte ist S. 76 erzählt. Chaos ... durchgehen: S. 80 „Darum seynd die Dinge ihnen (den Geistern) all nur Chaos, das ist nichts, das ist so viel, als wenig uns die Lufft hindert zu gehen, also wenig werden sie gehindert von Bergen, Erden, Felsen, und als gering ist uns durch die Lufft zu gehen, und dafs die Lufft nicht haben mag, also gering sind ihnen die Felsen und Schroffen." Undenen .... mehreren: S. 84f. „dafs sie (die Salamander oder Undenen) keine Seele haben, und aber so sie mit dem Menschen in Bündnifs kommen, alsdenn so giebt die Bündnifs die Seel . . . So viel vermag die Bündnifs zweyer Dinge gegen einander, dafs das mindere des mehrern geneuft und Krafft hat." **Unterschied im reden S. 86:** sie (die Nymphen) sind gesprächlich mit derselbigen Landsprachen. Die Waldleute reden aber nichts. Die Bergleute haben auch die Sprache wie die Nymphen. Die Aethinische reden nichts, und können aber reden, und doch hart und selten."

30. [1] Fauſt *Hippomanes* [2] *Insomnia paucis noct. hor. ne quidem placida quiete sed pavida* [3] *miris rerum imaginibus. Furor. Sonnambule.* [4] *Summa Confidentia et nimius metus.* τοις ευτυχουσι και τρι- [5] μηνα παιδια [6] *a sinistra cornix et picus* [7] *a dextra corvus et aquila* ☉ welch ein Glück Welch ein früh= [8] zeitig Glück Andre müſſen ſich 9 Monat ſchleppen Ein ander Weib [9] muß ſich 9 Monat ſchleppen. *Pl* [10] *ep 443* Wilh. *Lymphati terrificis vatici-* [11] *nationibus et sua et aliena mala ludificabantur. 445. Non* [12] *illi vis non granditas non subtilitas. non amaritudo, non dul-* [13] *cedo nec lepor defuit.*

Eine gemeinsame Quelle dieser flüchtigen Notizen ist nicht nachzuweisen. Der Anfang bezieht sich auf die schon im Alterthum auf gespenstische Einwirkung zurückgeführte Erscheinung des Alpdrückens, das griechische Citat auf die bei Sueton (V, 1) berichtete frühzeitige Geburt des Nero, ebenso die deutschen Worte Z. 7—9, (vielleicht in Verbindung mit der kurzen Schwangerschaft der Hexen zu bringen). Z. 6—7 wohl auf Auspicien. Die Pliniusstellen am Schlufs werden kaum in Beziehung zum Faust stehen.

b. Blocksberg.

31. [1] Aufmunterung zu Walp. Nacht Daſelbſt. Frauen

über die [2] Stücke. Männer über das L'homber. Rattenfänger von Hameln. [3] Hexe aus der Küche.

Skizze des ursprünglichen Planes. Nr. 48 schliesst sich unmittelbar an, zusammen mit den ähnlich gearteten Entwürfen Nr. 22 und 24 überliefert. Zur Erklärung siehe oben S. 57 ff.

32. Welch hohe Pracht
In den Bergen Waldes Nacht.

In der Weimarer Ausgabe Faust zugewiesen.

33. Wie man nach Norden weiter kommt
Da nehmen Rus und Hexen zu.

In der Weimarer Ausgabe Mephistopheles zugewiesen. Siehe oben S. 62.

34. Leuchtende Figur des Meph.

Siehe oben S. 59.

35. Ihr Leben ist ein bloßer Zeitvertreib
Zwey lange Beine keinen Leib

Folgt Sie fifen und einige unleserliche Worte über jetzigen Unfug in Deutschland. Weder für die Zuweisung der Verse an Mephistopheles, noch für ihre Beziehung auf den Irrwisch in der Weimarer Ausgabe lässt sich ein bestimmter Grund anführen. Es ist an ein Wesen ähnlich dem V. 4259 f. beschriebenen zu denken, eine naturwidrige komische Gestaltung der Phantasie.

36. Vier Beine lieb ich mir zu sichrem Stand und Lauf
Er klettert stets und kommt doch nicht hinauf

Mit V. 333—353, dem Schluss des Prologs im Himmel, und Nr. 37, 45, 46, 49, 51 auf demselben Blatte. Auch hier soll Mephistopheles Sprecher sein. Vergl. V. 3836, 3987, 3996 ff.

37. Und selbst die allerfürzten Flügel
Sind doch ein herrliches Organ.

Wohl auch Mephistopheles-Verse. Wunsch zu fliegen, wie oft bei Goethe; hier wohl veranlasst durch die Mühe der Bergwanderung. Vielleicht steht im Hintergrund der Gedanke an die Flügel der Phantasie.

38. Bestünde nur die Weisheit mit der Jugend
Und Republiken ohne Tugend
So wär die Welt dem höchsten Ziele nah

Doppelt überliefert: mit Nr. 27 und 29 (siehe oben). Politischer Spruch (des Mephistopheles?) in der Art von V. 4076 ff.

39. Ich wäre nicht so arm an Wiz
Wär ich nur nicht so arm an Reimen.

Nur wegen der gemeinsamen Überlieferung (siehe oben zu Nr. 27) hier anzuführen.

40. Der liebe Sänger
Von Hameln auch mein alter Freund
Der Vielbeliebte Rattenfänger.
Wie gehts.
Rattenfänger von Hameln.
5 [Befinde mich] recht wohl zu dienen
Ich bin ein wohl genährter Mann
Patron von zwölf Philanthropinen
Daneben
Schreibe ein Kinder Bibliothek

10 Wegen Papierner Flügel bekannt
Sieht euch auch hier ein jeder an
Ein paar Löcher sind hinein gebrannt
Das haben die verfluchten Xenien gethan.
Muf
Ich folge
15 Als Musen anzuführen.

Die ersten Verse spricht Mephistopheles, die letzte Überschrift ist zu ergänzen 𝔐𝔲𝔰[𝔞𝔤𝔢𝔱].

Zu Z. 1—9 vergl. Nr. 31, Z. 2. Gemeint ist nicht Basedow, der bereits 1790 gestorben war, sondern Joachim Heinrich Campe, der schon in den Xenien als pedantischer Sprachreiniger angegriffen worden war. Hier gilt es einem andern Gebiete seiner Thätigkeit, dem paedagogischen, auf dem er als Basedows Helfer und Nachfolger, daneben auch als Jugendschriftsteller wirkte. Seine „Kleine Kinderbibliothek" erschien von 1779—93 in 24 Bändchen. Z. 13—15 zielt auf Hennings: er gab 1798 und 99 in zwei Stücken eine Gedichtsammlung heraus, betitelt „Der Musaget; ein Begleiter des Genius der Zeit". Vergl. V. 4311—14.

41. Ein Mensch, der von sich spricht und schreibt
Wie einst ein Biograph von ihm geschrieben hätte.

Schwerlich hierher gehörig.

42. Nur Hunger schärft den Geist der subalternen Wesen
Ein sattes Thier ist gräßlich dumm.

Und mein Verdienst, worauf ich stolz bin
Ich schlepp es nicht am Hintern hinten nach

Ebenso wie Nr. 41 kaum hier unterzubringen.

43. Was an dem Lumpenpack mich noch am meisten freut
Ist daß es wechselsweis von Herzen sich verachtet.

Vergl. V. 4339 f.:
Das hasst sich schwer das Lumpenpack
Und gäb' sich gern das Restchen.

44. Musick nur her und wärs ein Dudelsack
Wir haben wie manche edle Gesellen
Viel apetit und wenig Geschmack.

Der Dudelsack in V. 4255 und 4341. Nr. 43 und 44 gehört unter c.

45. Was für ein hölzern Bild sie an dem Halse hat
Ein heiligs oder ein lebendigs

Wäre besser hinter Nr. 50 einzuordnen, da die Verse, die jedenfalls Faust spricht, sich auf die Erscheinung des Idols Gretchens beziehen müssen. Siehe oben S. 47 f. und 63.

46. Fiel vor mir hin und küßte mir die Hand
Es brennt mich noch

Folgt in der Hs. unmittelbar auf Nr. 45 und wird deshalb mit der Erscheinung Gretchens in Verbindung stehen. Etwa eine Erinnerung Fausts an ein Beisammensein mit Gretchen in ihrer Schmerzenszeit? Strehlkes Vermutung, dass es sich um ein Abenteuer des jungen Mädchens handelt, das unschuldig den Satansscenen beiwohnt, ist abzuweisen.

c. Intermezzo.

47. Blocksbergs=Candidaten.
Stilling
Das Geisterreich hier kommts zur Schau,
Den Gläubigen ersprieslich;
Doch find ich nicht die weiße Frau,
So bin ich doch verdrieslich.
Gräfin.
5 Der weisen Frauen giebts genung
Für ächte Weiberkenner;
Doch sage mir mein lieber Jung
Wo sind die weisen Männer
Ptolomaeer
Da tritt die Sonne doch hervor
10 Am alten Himmelsfenster

Copernikus
Nicht doch es ist ein Meteor
Ihr Narren und Gespenster
Eutiner
Mit Fleiß und Tücke webt ich mir
Ein eignes Ruhmgespinste
15 Doch ist mirs unerträglich hier
Auch hier find ich Verdienste
Wunderhorn
Hinweg von unserm frohen Tanz
Du alter neidscher Igel.
Gönnst nicht dem Teufel seinen Schwanz
20 Dem Engel nicht die Flügel

Satirische Verse, die erst nach der Herausgabe der „Walpurgisnacht" entstanden sind. Denn die Zeilen 1—8 beziehen sich auf Jung-Stillings 1808 erschienene „Theorie der Geisterkunde in einer Natur- Vernunft- und Bibelmässigen Beantwortung der Frage: Was von Ahnungen, Gesichten und Geistererscheinungen geglaubt und nicht geglaubt werden müsse. Mit einem Kupfer." Dieser Kupfer stellte die Gräfin von Orlamünde, die „weifse Frau" dar. Vers 9—12 verspottet die Anhänger veralteter wissenschaftlicher System (wohl besonders die Newtonianer) unter dem Bilde des Verteidigers des Ptolemäischen Weltsystems, der die Bewegung der Sonne behauptet.

V. 13—20 wendet sich gegen Vofs, der schon am 12. Januar 1808 im „Morgenblatt" auf die Ankündigung des zweiten und dritten Bandes des „Wunderhorns" hin die Herausgeber verhöhnt hatte. Nach dem Erscheinen erklärte er in einer Kritik des „Morgenblatts" vom 25 und 26. November 1808 die Sammlung für „zusammengeschaufelten Wust, voll mutwilliger Verfälschungen, sogar mit untergeschobenem Machwerk". Voſs war der entschiedenste Gegner der neuen Romantik mit ihrem katholicirenden Mysticismus, darauf beziehen sich die letzten Verse.

d. Satanscenen.

48. [1] Nach dem Intermezz Einſamkeit, Oede Trompeten Stöße [2] Blitze, Donner von oben Feuerſäulen, Rauch, Qualm. Fels der [3] daraus hervorragt. Iſt der Satan. Großes Volk umher. Ver= [4] ſäumniß Mittel durchzubringen. Schaden. Geſchrey Lied.

[5] Sie ſtehen im nächſten Kreiſe. Man kanns für Hitze kaum [6] aushalten. Wer zunächſt im Kreiſe ſteht. Satans Rede pp [7] Präſentationen. Beleihungen.

[8] Mitternacht. Verſinken der Erſcheinung Volckan. Unordentliches Auseinanderſtrömen. Brechen und Stürmen.

Siehe oben Nr. 31 und S. 58.

49. Siehſt du er kommt den [vor gan] Berg hinauf
Von Weitem ſteht des Volckes Hauf.
Es ſegnen ſtaunend ſich die Frommen
Gewiſſ er wird als Sieger kommen

Siehe oben S. 59. Die Zugehörigkeit zur „Walpurgisnacht" ist zweifelhaft.

50. Blatt 1^1

[1] ad 17 Gipfel Nacht Feuer Koloſſ. nächſte [2] Umgebung Maſſen, Gruppen. Rede.

1^2 und 2 leer.

$3-5^1$:

Satan.

Die Böcke zur rechten,
5 Die Ziegen zur lincken
Die Ziegen ſie riechen [am Rande wincken]
Die Böcke ſie ſtincken [am Rande fechten]

Und wenn auch die Böcke
Noch stinckiger wären
10 So kann doch die Ziege
Des Bocks nicht entbehren.

Chor.
Aufs Angesicht nieder
Verehret den Herrn
15 Er lehret die Völcker
Und lehret sie gern
Vernehmet die Worte
Er zeigt euch die Spur
Des ewigen Lebens
20 Der tiefsten Natur.

Satan rechts gewendet.
Euch giebt es zwey Dinge
So herrlich und groß
Das glänzende Gold
25 Und der weibliche [über leuchtende] Schoos.
Das eine verschaffet
Das andre verschlingt
Drum glücklich wer beyde
Zusammen erringt.

30 <center>Eine Stimme.</center>
Was sagte der Herr denn? —
Entfernt von dem Orte
Vernahm ich nicht deutlich
Die köstlichen Worte
35 Mir bleibet noch dunckel
Die herrliche Spur
Nicht seh ich das Leben
Der tiefen Natur.

Satan links gewendet.

40 Für euch sind zwey Dinge
Von köstlichem Glanz
Das leuchtende Gold
Und ein glänzender Schwanz.
Drum wißt euch ihr Weiber
45 Am Gold zu ergötzen
Und mehr als das Gold
Noch die Schwänze zu schätzen.

Chor.

Aufs Angesicht nieder
50 Am heiligen Ort
O glücklich wer nah steht
Und höret das Wort.

Eine Stimme

Ich stehe von ferne
55 Und stutze die Ohren
Doch hab ich schon manches
Der Worte verlohren
Wer sagt es mir deutlich
Wer zeigt mir die Spur
60 Des ewigen Lebens
Der tiefsten Natur!

Meph. zu einem jungen Mädchen.

Was weinst du? artger kleiner Schatz
Die Thränen sind hier nicht am Platz
65 Du wirst in dem Gedräng wohl gar zu arg gestoßen?

Mädchen.

Ach nein! der Herr dort spricht so gar kurios,
Von Gold und Schwanz von Gold und Schoos,
Und alles freut sich wie es scheint!
70 Doch das verstehn wohl nur die Großen?

Meph.
Mein liebes Kind, nur nicht geweint.
Denn willst du wissen was der Teufel meynt,
So greife nur dem Nachbar in die Hosen.
75   Satan grad aus.
Ihr Mägdlein ihr stehet
Hier grad in der Mitten
Ich seh ihr kommt alle
Auf Besmen geritten
80 Seyd reinlich bey Tage
Und säuisch bey Nacht
So habt ihrs auf Erden
Am weitsten gebracht.

5^2 leer.
6^1 Einzelne Audienzen
85   Ceremonien Mstr.
7. ad 17
          und kann ich wie ich bat
Mich unumschränkt in diesem Reiche schauen
So küß ich, bin ich gleich von Haus aus Demokrat,
90 Dir doch Tyrann voll Dankbarkeit die Klauen.
          Ceremonienmstr.
Die Klauen! das ist für einmal
Du wirst dich weiter noch entschließen müßen.
          X
95 Was fordert denn das Ritual.
          Cer. Mstr.
Beliebt dem Herrn den hintern Theil zu küssen
          X
Darüber bin ich unverloren
100 Ich küsse hinten oder vorn.

Scheint oben deine Nase doch
Durch alle Welten vorzudringen,
So seh ich unten hier ein Loch
Das Universum zu verschlingen
105 Was duftet aus dem kolossalen Mund!
So wohl kanns nicht im Paradiese riechen
Und dieser wohlgebaute Schlund
erregt den Wunsch hinein zu kriechen.
Was soll ich mehr!

Satan

Vasall, du bist erprobt
110 Hierdurch beleih ich dich mit Millionen Seelen.
Und wer des Teufels Arsch so gut wie du gelobt
Dem soll es nie an Schmeichelphrasen fehlen.

8¹.

[Hexenchor.]

Und wie wir nun nach Hause ziehn
115 Die Saat ist gelb die Stoppel grün,
Zum Schlusse nimmts kein Mensch genau
Es speyt die Hexe es scheißt die Sau.

8²

F.

Schöpfung des Menschen durch die ewige Weisheit — der
120 Hexen zufällig wie Python

Meph.

Dem Ruß der Hexen zu entgehen
Muß unser Wimpel südwärts wehen;
Doch dort bequeme dich zu wohnen
125 Bey Pfaffen und bey Scorpionen

F.

Veränderung ist schon alles Krankheit das Mittel ein *Choc*
damit die Natur nicht unterliege

M.

130 Will einige Nacht Mahre zaumen und Fausten eine Falle legen, gelingts so hohlt er ihn.

9¹   Faust allein.

Schmeichel Gesang

F.

135 Wer ist in der Nähe dem das gelten kan
Fortgesetzter Schmeichelgesang.

Meph.

Deutet sie auf Faust

Fausts

140 Unwille

Meph

Keck verräth sich

Faust

Er solls wo anders anwenden

145   Meph

Pferde sie reiten Schnelligkeit Falsche Richtung Zug nach Osten

9² Hochgerichts erscheinung.

10¹ *ad 17ª*

[Chor.]

Wo fließet heißes Menschen Blut
150 Der Dunst ist allem Zauber gut
Die grau und schwarze Brüderschafft
Sie schöpft [über findet] zu neuen Wercken Kraft
Was deutet auf Blut ist uns genehm,
Was Blut vergießt ist uns bequem.
155 Um Glut und Blut umkreißt den Reihn
In Glut soll Blut vergossen seyn

Die Dirne winckt es ist schon gut
Der Säufer trinckt es deutet auf Blut
Der Blick der Tranck er feuert an
160 Der Dolch ist blanck es ist gethan.
Ein Blut Quell rieselt nie allein
Es laufen andre Bächlein drein
Sie wälzen sich von Ort zu Ort
Es reißt der Strom die Ströme fort

165 10^2 Gedräng   Sie ersteigen einen Baum G [esang?]. Reden des Volcks

11^1. Auf glühndem Boden   Nackt das Idol   Die Hände auf dem Rücken   Bedeckt nicht das Gesicht und nicht die Scham   Gesang [nach Der Ko]   Der Kopf fällt ab   Das Blut springt 170 und löscht das Feuer   Nacht   Rauschen

11^2. Geschwäz von Kielkröpfen   Dadurch Faust erfährt Faust Meph.

Nr. 50 ist enthalten in einem Quartheft von 16 Blättern, von denen die ersten elf, wie angegeben, mit grofsen Lücken von Goethe beschrieben sind. Die Zahlen *ad 17* (Z. 1 und 86) und *ad 17^a* (Z. 148) weisen auf ein Schema des Faust hin, jedenfalls das am 23. Juni 1797 entworfene, in dem die „Walpurgisnacht" die siebzehnte Nummer bildete. Vergl. Weimarer Ausgabe Par. Nr. 65—68 *ad 20*, Nr. 81—82 *ad 22*, Nr. 83 *ad 24*, Nr. 91—92 *ad 27*, Nr. 96 *ad 28*, „Abkündigung" und „Abschied" *ad 30*. Man sieht aus diesen Zahlen, dafs der erste Teil nach einzelnen Scenen, der zweite, bei Nr. 20 beginnend und bis Nr. 29 reichend, nach grofsen Massen eingeteilt war. Nr. 20 bezeichnete die Scenen am Hofe des Kaisers,

Nr. 22 ist nicht zu bestimmen, Nr. 24 vielleicht, wie die Weimarer Ausgabe vermutet, nach der Helenacatastrophe, Nr. 27 Fausts Tod, Nr. 28 der Kampf um Fausts Seele.

Die Randbemerkungen zu Zeile 6 und 7 scheinen zu beweisen, dafs Goethe versucht hat, die Scene durch Tilgung der Derbheiten zu retten, doch mag er bald die Unmöglichkeit eingesehen haben.

Zur Erklärung siehe oben S. 58 ff.

Unter der Aufschrift „Varia" enthält die Weimarer Ausgabe noch zwölf Paralipomena, Nr. 51—62, von denen wenigstens einzelne mit einiger Wahrscheinlichkeit der „Walpurgisnacht" zugewiesen werden können.

52. Die spindelförmigen Gestalten!
    Und sind für mich die edlen Helden todt
    So muß ich mich doch wohl zu diesen Schluckern halten.

Etwa als Äusserung Fausts beim Anblick der alten Herren zu deuten. Vergl. Weim. Ausg. 5, 1, 100:
   Die schönen Frauen jung und alt,
   Sind nicht gemacht sich abzuhärmen:
   Und sind einmal die edlen Helden kalt,
   So kann man sich an Schluckern wärmen.

53. Fleisch dort wie Heu und Bein zerbricht wie Glas
    Und alle Schönheit ist ein wahrer Mottenfraß.

Die Aeusserung, die wohl dem Mephistopheles zuzuweisen ist, mag sich auf gespenstische Erscheinungen beziehen, wie sie im ersten Teil nur die „Walpurgisnacht" vorführt.

55. Und der zuerst sich wie ein Gott erging
    Befindet sich noch wohl am Schweinekoben

Dem Anschein nach älter als die übrigen Entwürfe, überliefert zusammen mit Nr. 54, 56—61 und zwei Versen der „Walpurgisnacht" (4166 f.). Die Worte drücken die Hoffnung Mephistos, Faust in die Tiefe der Gemeinheit hinabzuziehen, kräftig aus. Ebenso auch

59. Denn zum erkennen ist der große viel zu klein
Und zum genießen ist der kleinste groß genug.